电力营销案例说法系列书

用电检查法律常识
与风险防范

胡玉梅　游福兴　赵志刚　编著

U0642971

中国电力出版社
CHINA ELECTRIC POWER PRESS

内 容 提 要

本书为《电力营销案例说法系列书》之一。

全书共分四章，包括用电检查总则、用电检查证据收集、用电检查结果处理、用电事故检查。全书围绕供电企业用电检查工作涉及的用电检查权限、程序、用电检查证据收集及结果处理等基本业务，辅以案例，以问答的形式从法律角度对相关知识点作全面细致的介绍、法律风险评估及实务操作指导。

本书是供电企业营销人员、客户服务岗位一线人员学习和咨询客户的好帮手，也可供电力企业管理人员、法律人员阅读、参考。

图书在版编目（CIP）数据

用电检查法律常识与风险防范/胡玉梅，游福兴，赵志刚编著．—北京：中国电力出版社，2015.6（2020.10 重印）

（电力营销案例说法系列书）

ISBN 978 - 7 - 5123 - 7112 - 5

Ⅰ. ①用…　Ⅱ. ①胡…②游…③赵…　Ⅲ. ①用电管理—法律—基本知识—中国　Ⅳ. ①D922.292

中国版本图书馆 CIP 数据核字（2015）第 014820 号

中国电力出版社出版、发行

（北京市东城区北京站西街 19 号　100005　http：//www. cepp. sgcc. com. cn）

北京博图彩色印刷有限公司印刷

各地新华书店经售

＊

2015 年 6 月第一版　2020 年 10 月北京第三次印刷

850 毫米×1168 毫米　32 开本　5.125 印张　104 千字

印数 5001—7000 册　定价 24.00 元

前　言

　　《电力供应与使用条例》《供电营业规则》颁布实施至今将近 20 年。期间，广大供电企业坚持以科学发展观为指导，以创建国际先进电网企业为目标，改革创新、锐意进取、奋力前行，使企业经营管理发生了翻天覆地的变化，得到了党和政府的高度肯定以及人民群众的普遍赞誉。企业法制工作也实现了从无到有、从初级向高级转变，逐步由"事后救济型为主"转向"事前防范与事中控制型为主"，依法决策、依法经营和依法管理的氛围初步形成。实践证明，《电力供应与使用条例》《供电营业规则》对于规范供电企业经营管理，维护供电企业和用户正当权益，构建和谐的供用电秩序，发挥了十分重要的作用。

　　然而，随着市场经济的发展和国家法制的日益完善，近年来，人民群众的维权和信访意识日益提高，新情况、新问题不断涌现，对电网企业维权工作带来了新的挑战。2011 年，国务院国有资产监督管理委员会提出了中央企业法制工作的第三个三年目标，切实为培育世界一流企业提供坚强的法律保障。如何更好地贯彻第三个三年目标，抓好企业法制工作与经营管理工作的"五个有效融合"，充分发挥法律的支持支撑作用，是电网企业法律工作者必须面对和思考的问题。

为此，编者认真总结多年的法律工作经验，积极吸收广东电网公司乃至南方电网公司多年法律研究成果，针对电力营销业务领域存在的法律风险，不揣浅陋、大胆创新、认真创作，编写了这套《电力营销案例说法系列书》。全书以法律专业视角，紧密结合《电力法》《电力供应与使用条例》《供电营业规则》以及国家相关法律法规、部门规章和地方性法规，采用"知识介绍＋相关案例（拓展知识）＋风险提示"的独特结构，紧贴工作实践，理论联系实际，创新性地全面论述了电力营销法律基础知识。该书适合广大供电企业法律工作者、营销一线工作人员以及其他法律爱好者阅读、借鉴。

由于编者水平有限，加上成稿时间仓促，疏漏之处在所难免，衷心希望广大读者批评指正。

编 者

2015 年 5 月

目录

第一章

用电检查总则

第一节　用电检查的概念和性质

●重点提示

用电检查是行政行为还是民事行为?

●基础知识

用电检查是供电企业营销工作的一项重要工作，也是一项传统的基础业务。自电力体制改革实施以来，供电企业的用电检查工作积累了丰富的实践经验，相关法律风险防范多有探讨。本书拟结合企业工作的重心，全面而有重点地介绍用电检查涉及的法律基础知识，提出自己的法律风险防范意见，为一线用电检查员工以及用电检查法律纠纷处理者，提供借鉴和参考。

一、用电检查的概念

多年来，供电企业在用电检查工作中积累了丰富的经验，形成了一整套的工作程序和工作规范。但是，对于用电检查的内涵并没有统一的认识。

有人认为用电检查，是电力行业及相关的组织或个人依据规则、规范标准或事例经验对使用电力对象进行安全、隐患、计量、质量、营销、设施性能等方面的管理、检测、评估的行为。有人认为用电检查是提供研究今后用电工作的最基本依据，主要包括用电前检查、用电期检查和用电后检查。也有人认为用电检查是电工、检测等工程技术人员最基本应知应会的操作技能。

根据《用电检查管理办法》的规定和对用电检查工作的总结，本书认为用电检查是供电企业以国家有关电力供应与使用的法规、方针、政策，以及国家和电力行业的标准为准则，对电力用户是否符合供电前置条件、履行供用电合同、影响电力供应和公共安全等方面的检查、检测和评估的行为。

二、用电检查历史沿革

电力企业改革前，我国电力企业一贯执行的是对用户的监察，常称用电监察，而没有专门机构对电力企业的行为进行监督检查。当时的供电企业（通常称为供电局、电业局、电力局、电力工业局等）具有双重身份，一方面，供电企业是各级政府的电力主管部门，身负行政管理职能和行政管理责任，与电力用户形成管理与被管理、监督与被监督的行政管理关系；另一方面，供电企业又是领取营业执照，在工商部门登记、具有民事主体资格的企业法人。特别是在计划经济的管理模式之下，供电局与用户之间的行政管理关系尤为凸显，而双方的民事主体关系则被掩盖于行政管理关系之后。特别是，根据当时水利电力部下发的《全国供用电规则》和《用电监察条例》规定，用电监察直接表现为行政管理的特征。因此，《电力法》颁布之前供电企业对用户的用电监察性质属于行政行为。

《电力法》颁布实施后，中国的电力体制产生了深刻的变化，供电局由政企合一的单位转变为单纯的市场主体——企业。根据《电力法》的规定，电力行政管理权力从供电企业中剥离出来，由政府专门的电力管理部门行使，使供电企业回归为纯粹的企业。供电企业主体身份的变化和行政权力的变化，必然使供电企业与政府和用户的关系发生重大的变化，供用电关系和用电检查的性质也会随之变化。

1996年9月1日《电力法》重要配套法规——《电力供应与使用条例》由国务院正式颁布实施。在《电力供应与使用条例》之下，电力工业部相继颁布了两个部门规章《供用电监督管理办法》和《用电检查管理办法》，并与《电力供应与使用条例》同日实施。至此，电力体制改革前的用电监察，演变成了监督检查和用电检查。前者适用《供用电监督管理办法》，为电力管理部门对供用电双方的监督管理，体现了政府对供电企业和用户实施公正的、一视同仁的监督检查。后者，适用《用电检查管理办法》，为供电企业对用户的用电检查。

三、用电检查的法律性质

用电检查是供电企业为维护供用电安全而实施的一种民事行为。它有以下法律特征：

（1）用电检查属民事行为，而非行政行为。依据国家经济贸易委员会《关于调整电力行政管理职能有关问题的意见》（中编办发〔2000〕14号）的要求，电力管理部门与供电企业实行了"政企分开"的职能划分，有关电力管理的行政职能由各级电力行政管理部门行使，电力工业局改制为供电企业，不再承担行政职能。根据《电力法》规定，县级以上地方人民政府经济综合主管部门是本行政区域内的电力管理部门。供电企业是经当地工商行政管理部门依法核准成立、领有《营业执照》的企业单位。因此，供电企业是民事主体，不是行政主体，除非履行法律授权职责，否则供电企业的行为是民事行为，不是行政行为。

（2）用电检查系维护自身利益、制止侵权行为的权利，而非义务。供电企业作为电力设施的产权人，对电力设施享有所有权，同时也承担运行维护责任，以保证电力设施的安全运行，不对他人生命财产造成损害。电力属于高危商品，为维护电力运行安全，保护公共利益，法律、法规对其作出特别规定进行保护。用户危害电力运行安全的行为可能会给供电企业造成财产损失，也可能对人民群众的生命安全和财产造成损失。供电企业作为电力设施的产权人有权依据国家的法律、法规对自己的财产进行保护及排除妨碍。供电企业可以依据《民法通则》第一百零六条、一百三十四条的规定，对用户危害电力运行安全的行为要求停止侵害、排除妨碍、消除危险。用电检查就是供电企业为维护自身权益及人民群众的生命和财产安全，运用法律、法规规定的权利检查用户是否存在侵害、妨碍、危险的重要行为。因此，供电企业对用户进行用电检查是在行使自己的民事权利。

四、本节法律风险防范提示

供电企业与用户是平等的民事主体关系，特别是随着国家的普法进程，用户的权利意识和主体意识大大提高，法律意识大大增强，用户的整体素质已经跨上一个新台阶。因此，供电企业的用电检查工作人员也必须提高自身的法律素质和业务素质，深入了解用电检查法律知识，深刻理解用电检查的法律性质。在用电检查中发现用户存在窃电、违章用电、安全隐患等问题后，供电企业用电检查工作人员务必要冷静思考，沉着应对，依照《电力法》《电力供应与使用条例》《用电检查管理办法》等法律、法规的规定，依照民事行为的法律程序、方法对用户进行处理。

第二节　用电检查的内容

重点提示

1. 用电检查的内容有哪些?
2. 用电检查的范围有哪些?

基础知识

《电力法》和《电力供应与使用条例》中均没有规定用电检查，根据《用电检查管理办法》第四条的规定，按用电检查的内容、目的、法律风险产生的原因和用电检查内容的侧重点不同，用电检查的内容主要分为三部分。

一、为履行供用电合同而进行的用电检查

（一）用户执行国家有关电力供应与使用的法规、方针、政策、标准、规章制度情况

这里的法规，主要是指《电力法》《电力供应与使用条例》《电网调度管理条例》《电力设施保护条例》《电力设施保护条例实施细则》等国家法律、行政法规和部门规章，还包括各地人大制定的地方性法规和地方政府制定的地方政府规章。

这里的方针、政策，主要是指国务院办公厅、国家发展和改革委员会、国家电力监管委员会等有关部门发布的关于电力行业有关的方针、政策，例如国务院办公厅发布的《关于电力工业体制改革有关问题的通知》（国办发〔2000〕69号）、国家发展和改革委员会发布的《国家发展改革委关于做好"十一五"农村电网完善和无电地区电力建设工作的通知》（发改能源〔2007〕421号）等。

这里的标准，主要是指国家经贸委、发改委、建设部、国家安全生产监督管理总局、国家电力监管委员会等部门发布的关于电力安全、电力施工、供电设施的设计规程等国家标准和电力行业标准，如《电力建设施工技术规范　第5部分：管道及系统》（DL 5190.5—2012）、《10kV及以下架空配电线路设计技术规程》（DL/T 5220—2005）等。

这里的规章制度，主要是指以前国家电力部颁布的规章制度，各省网电力公司颁布的规章制度等。

（二）用户受（送）电装置工程施工质量检验

用户受（送）电装置工程施工质量检验主要包括对用户的受电装置工程电气图纸进行审核、工程的中间检查和竣工验收检查。根据《电力供应与使用条例》第二十四条规定，为了保证供电方案的安全性和可靠性，用户在进行新装、增容或者改造工程时，必须由供电企业对用户的受（送）电装置工程电气图纸和相关材料进行审核，组织基建、生技、规划、调度、营销等部门对设计图纸进行审核，并提出审核意见。如果用户的受（送）电装置工程电气图纸和相关材料未经供电企业审核就进行施工，供电企业有权不予检验和接电。为了保证用户受电工程的工程质量，在用户受电工程的施工过程中，供电企业必须对用户工程进行中间检查，在施工完成后，供电企业要进行竣工检查。

（三）用户执行计划用电、节约用电情况

用户执行计划用电、节约用电情况主要包括：①检查用户的用电计划和指标及执行情况；②检查用户的设备变动情况，指导和帮助用户执行调整负荷的工作；③督促和帮助用户落实节约用电措施和进行用电分析；④检查用户改进的生产工艺，采用新技术、新材料、新工艺、节能新设备和行之有效的节电措施，改造高能耗设备，努力降低用电单位产品耗电量；⑤检查用户是否将国家推广的节约用电技术措施，纳入节约用电措施计划并付诸实施；⑥用户应当采用先进技术，采取科学管理措施，安全供电、用电；⑦禁止使用国家明令淘汰的高耗能设备、生产工艺。

（四）用电计量装置、电力负荷控制装置、继电保护和自动装置、调度通信等安全运行状况

用电计量装置、电力负荷控制装置、继电保护和自动装置、调度通信等安全运行状况检查的主要内容包括：

（1）检查电能计量装置的外观及接线。

（2）检查电能计量装置参数是否与用电客户档案相符。

（3）检查是否擅自迁移供电企业的电能计量装置。

（4）检查有无伪造或开启电能计量装置的封铅（印）。

（5）检查是否故意损坏电能计量装置。

（6）检查是否存在故意使电能计量装置不准或失效。

（7）检查用电计量装置（计量柜、计量互感器、计量表、封印、计量回路等）运行是否正常。

（8）核查客户电能计量表瞬时功率与同一时刻用电负荷是否相符。

（9）检查客户计量用电流互感器变比、倍率是否与客户档案相符，配置是否合理。

（10）了解客户上年同期用电量、上月用电量及客户用电变化规律，核实客户近期累计用电量，核查电能表的读数。

（五）供用电合同及有关协议履行的情况

供用电合同及有关协议履行的情况检查的主要内容包括：

（1）检查用户的实际容量、计费容量、备用容量、转供容量是否与合同容量相符，用户有无私自增容的情况。

（2）检查双电源用户的运行方式，是否将冷备用变压器私自转为热备用。

（3）检查用户用电性质是否与合同相符。

（4）检查用户电价执行是否正确，各类用电量是否发生变化，约定的非居照明、基本电费、变损费比例（或定量分摊）是否发生变化。

（5）检查用户计量装置计量是否正确。

（6）检查双方约定的特殊条款执行情况。

（7）检查用户是否按合同规定缴纳电费。

（8）检查用户是否有私自转供或引入电源情况。

（9）检查用户的主体资格是否发生变化。

（六）受电端电能质量状况

受电端电能质量状况检查的主要内容包括：

（1）受电端电压检查。检查用电客户电压监测装置的完好性及记录运行情况是否正常，用电检查人员应认真记录用电客户受电端的电压偏差值。

（2）受电端无功补偿检查。检查用电客户无功补偿设备及容量是否合理，是否做到随负荷和电压变动及时投入或切除，无功电力倒送，用电客户在电网高峰时段的功率因数是否达到《供电营业规则》中功率因数标准的要求；检查用电客户无功补偿投切容量及设备运行是否正常；督促用电客户及时更换（维修）故障电容器及自动投切装置，以保证实际投入的无功补偿容量达到规定要求。

（3）受电端谐波检查，用电客户谐波源负荷、冲击负荷、波动负荷、非对称性负荷等产生的干扰与影响是否符合国家标准；用电检查人员应督促用电客户定期进行谐波测试。

（4）检查监测点的布置、监测装置的运行维护、监测点原始记录等；检查影响终端客户电能质量的输配电网络隐患是否得到及时解决，客户电能质量是否得到有效提高等。

二、为维护供用电安全而进行的用电检查

（一）用户受（送）电装置中电气设备运行安全状况

用户受（送）电装置中电气设备运行安全状况检查的主要内容包括：

（1）检查电气设备外观。

（2）检查电气设备技术档案。

（3）检查用电客户电气设备是否按规定的周期及项目进行预防性试验。

（4）检查高压成套设备的"五防"闭锁。

（5）检查防过电压及防雷设施。

（6）检查变（配）电室内、外配电装置的最小安全净距及可燃油浸变压器外廓与变压器室墙壁和门的最小安全净距是否符合相关安全规定。

（7）检查带电设备、导线对地距离是否符合安全规定。

（8）检查各种通道、围栏（墙）的设置是否符合安全规定。

（9）检查变（配）电室内、外照明灯具配备是否符合安全规定。

（二）用户保安电源和非电性质的保安措施

用户保安电源和非电性质的保安措施检查的主要内容包括：

（1）检查自备发电机组是否取得用电检查部门颁发的《自备电源使用许可证》。

（2）检查安装有自备发电机组的用电客户是否制订了相应的安全操作规程和安全管理制度。

（3）检查是否擅自改变了自备发电机组与电力系统的一、二次接线。

（4）检查在自备发电机组出口处是否安装有可靠的联锁装置，并定期对安装投运方式、接线方式及机组容量进行现场检查核实。

（5）检查供电电源配置是否符合要求。

（三）用户反事故措施

用户反事故措施检查的主要内容包括：

（1）检查是否制定了反事故措施方案。

（2）检查方案是否准确、有效。

（3）检查相关人员是否熟悉有关安全生产的规程制度和要求。

（4）检查相关人员是否组织开展了安全性评价、危险点分析与控制、设备运行分析等行之有效的管理工作。

（5）检查相关人员是否组织落实了安全生产检查及整改工作；是否落实了反事故的各项措施。

（6）检查相关人员是否熟知工作的安全技术措施和工作标准；是否具备工作所要求的安全生产技能。

（7）检查相关人员是否熟知工作中的危险点及防范措施；是否保证了作业安全和工作质量。

（四）用户进网作业电工的资格、进网作业安全状况及作业安全保障措施

用户进网作业电工的资格、进网作业安全状况及作业安全保障措施检查的主要内容包括：

（1）检查进网作业电工是否取得资格。电工进网作业许可证分为低压、高压、特种三个类别。取得低压类电工进网作业许可证的，可以从事 0.4kV 以下电压等级的电气安装、检修、运行等低压作业。取得高压类电工进网作业许可证的，可以从事所有电压等级的电气安装、检修、运行等作业。取得特种类电工进网作业许可证的，可以在受电装置或者送电装置上从事电气试验、二次安装调试、电缆作业等特种作业。

（2）检查用户电力运行的规章制度是否建立、健全，按章落实到位。

（3）检查操作票及工作票的执行情况。

（4）检查安全防护工具的配置及安全性能。

（5）检查电力消防用具的配备。

（五）并网电源、自备电源并网安全状况

（1）并网电源、自备电源并网安全状况检查的主要内容包括：

1）用户应向供电企业报送电气主接线图等图纸，经供电企业审核。

2）并网电源、自备电源是否经供电企业验收合格，并有经过考核合格的运行人员。

3）是否建立、健全以下规章制度：①岗位责任制；②安全工作规程；③运行操作规程；④事故处理规程；⑤预防性实验规程；⑥检修维护制度；⑦缺陷和事故记录；⑧运行日志（包括操作情况）。

4）并网电源、自备电源与电网电源应有可靠的连锁装置，防止向电网倒送电力。

5）并网电源、自备电源送电线路应单独架设，禁止与电力部门的供电线路同杆架设或交叉跨越。

6）禁止自备发电机组与电网合用接地装置和中性线。

7）并网电源、自备电源应装设灵敏可靠的触电保护器，并在发电机组出口装设有功、无功电能计算装置。

8）并网电源、自备电源应有独立的配电房。

9）并网电源、自备电源不得擅自向其他用户转供。

（2）自备电源的管理。目前供电企业关于自备电源的管理还存在较大的问题，经常出现因电力用户自备电源不能正常运转而引起的索赔案件、自备电源倒送电等问题。根据目前的情况，自备电源的管理问题主要有以下情况：

1) 电力用户不按照供电方案的要求建立自备电源。如某奶业公司在申请用电时，供电企业根据该公司的性质和生产对连续供电的要求，建议该厂设立双电源供电，但是该厂因资金不足没有采纳该方案，后来因台风导致供电线路受损，令该厂停电，造成生产的巨大损失，从而产生纠纷。

2) 自备电源客户的防倒送电装置存在安全隐患，已发生倒送电安全事故。一般客户对自备电源的防倒送电装置技术要求和有关规定不熟悉，擅自匆忙购置并安装了自备发电机组，使客户的防倒送电装置和操作制度存在较多的安全隐患，加上操作人员安全意识比较淡薄、客户私拉乱接等原因，极易造成自备电源使用时向电网倒送电，对电网和人员设备安全造成了严重的威胁。例如，某加油站进行电力作业时，工作班成员李某负责拆除旧导线，但在剪断 A 相导线过程中，由于该线供电的加油站自备发电机组被擅自启动，造成低压反送电，致使李某触电，经抢救无效死亡。

3) 电力用户对自备电源维护不力，导致自备电源不能起到应有作用。例如，某市供电公司向某鱼塘供电的变压器烧毁，因客观原因无法及时更换。而用户的自备发电机组，无法继续发电，造成增氧机不能启动，养殖的鱼、虾因缺氧而死亡，因赔偿问题产生纠纷。

4) 相关法律、法规多年没有修订，不适应当前的形势。自从《电力供应与使用条例》《供电营业规则》等法规和规章颁布后没有任何修订，而随着社会的进步和发展，经济形势、社会状况、电力体制等已经发生了翻天覆地的变化，原有法律、法规和规章的有关条款只对自备电源客户申请条件、违约事项、违约责任作了原则规定，并且原有的规定对用户申请使用自备电源的要求严格，检查强制，已极不适应广大客户对申请使用自备电源的迫切需求。

针对自备电源存在的以上情况，应从以下几个方面加强管理：

1）及时汇报，加强用电检查，形成治理违规自备电源的合力。供电企业可以根据本地实际情况，针对存在的问题积极向政府和电力管理部门、电力监管机构汇报有关情况，取得政府和监管部门的支持。根据实际情况制定自备电源的管理办法或者制度，规范自备电源相关的申请、验收、机房、操作步骤、安全协议等标准，并对特殊的自备电源客户做出明确的规定。

2）明确职责，实行分级管理。针对客户自备电源点多面广，供电企业人手紧张、管理难度大等实际情况，为避免管理过程中出现真空和"死角"，供电企业可要求各基层单位结合自身实际情况，制定相应的管理办法，建立自备电源的长效管理机制，明确各级自发电管理人员，层层落实客户不并网自备电源的受理、验收、资料建档与日常监督检查等管理职责，切实加强客户自备电源管理。

3）做好用电检查工作。建立客户自备发电机组的动态管理和督查机制。每月对自备发电机组的管理工作进行督查，对客户自备发电机组进行动态管理。供电企业必须认真检查用户自备电源是否按照规定履行了申请、验收程序，是否采取了必需的机械闭锁防止返送电措施，操作规章制度是否完备，用户电工是否执证上岗等，要对不具备安全用电条件的用户采取措施，限期整改。

4）主动做好对客户的优质服务工作。供电企业可以与企业合作，多举办相关法律、法规的宣传，举办自备发电机组电工培训班。

（六）违章用电和窃电行为

违章用电和窃电行为是供电企业用电检查的核心，也是供电企业与用户常发生争议的所在，是法律风险防范的重点。

三、用电检查的范围

用电检查的范围主要是用户的受电装置，主要包括用电客户受电装置，即变压器、断路器、互感器、隔离开关、避雷器、架空线、电缆、操作电源及配电柜等。根据《用电检查管理办法》第五条规定，有下列情况之一的，检查的范围可以延伸至相应的目标所至处：

（1）有多类电价的。

（2）有自备电源设备（包括自备发电厂）的。

（3）有二次变压配电的。

（4）有违章现象需延伸检查的。

（5）有影响电能质量的用电设备的。

（6）发生影响电力系统事故需作调查的。

（7）用户要求帮助检查的。

（8）法律规定的其他用电检查。

这里应当注意的是，用电检查是供电企业的权利而非义务，因此，供电企业不对用户设备的安全负责。用电检查人员不承担因被检查设备不安全引起的任何直接损坏或者损害的赔偿责任。

第三节　用电检查的程序

重点提示

1. 用电检查的一般程序是什么？

2.《用电检查结果通知书》或《违章用电、窃电通知书》是否重复？

3.《安全隐患整改通知书》的法律性质是什么？

基础知识

一、用电检查的程序

用电检查是供电企业依照政府行政规章进行的一种特殊的民事行为，也就决定了该行为必须要有严格的程序。从法律本质上讲，供电企业与用户是平等的民事主体，供电企业对用户进行用电检查不是行政行为，并且需要用户的协助和配合。因此，用电检查必须遵守一定的程序。用电检查程序的合法化，是正常开展用电检查工作的前提和保证，也是达到用电检查效果的保证，特别是违章用电和窃电行为的查处更要有严格的法定程序以保证用电检查处理结果的有效性和合法性。

根据《用电检查管理办法》规定，用电检查程序如下：

（1）用电检查人员在执行检查时，应按照供电企业的有关规定填写"用电检查工作单"，"用电检查工作单"获得用电检查部门领导审核批准后，用电检查人员方能到用户处执行用电检查任务。

"用电检查工作单"内容应包括：用电单位名称、用电检查人员姓名、检查项目和内容、检查日期、检查结果，以及用户代表签字等栏目。

工作总结后，"用电检查工作单"由用户代表签字，用电检查人员将"用电检查工作单"交回存档。

（2）参加用电检查员的人数不得少于两人，并且主动出示与被检查用户供电电压等级相适应的用电检查证，用户不得拒绝检查，并应派员随同配合检查，检查人员应遵守用户的保卫保密制度，不得擅自开启用户配电室的门锁（有特殊情况例外），不得在检查现场替代用户电工进行电气作业。

（3）现场检查情况处理：

1）经现场检查确认用户的设备状况、电工作业行为、运行管理等方面有不符合安全规定的，或者在电力使用上有明显违反国家有关规定的，用电检查人员应开具"用电检查结果通知书"或"违章用电、窃电通知书"一式两份，一份送达用户并由用户代表签收，一份存档备查。

同时，用电检查人员还应开具"用户电气设备整改通知书"由用户签收。用电检查人员在"用户电气设备整改通知书"中规定期限结束以后，还应到用户处检查整改结果。对拒绝整改者，应将具体情况及整改意见报当地安全生产委员会和电力行政管理部门备案。

2）现场检查确认有危害供用电安全或扰乱供用电秩

序行为的，用电检查人员应予以制止，并及时取证和保护现场，制作询问笔录，及时拍摄照片或录像，必要时可请公证机关进行证据保全。检查人员应开具"违约（章）用电处理工作单"并由被检查者签字认可。拒绝接受供电企业按规定处理的，可按国家规定的程序停止供电，并请求电力管理部门依法处理，或向司法机关起诉，依法追究其法律责任。

3）现场检查确认有窃电行为的，用电检查人员应予以制止，并可当场予以中止供电。同时，用电检查人员应及时取证和保护现场，制作询问笔录，及时拍摄照片或录像，必要时可请公证机关进行证据保全。确认用户有窃电行为的，应现场开具"窃电处理工作单"，记录现场查获情况并由被检查者签字认可。对需要鉴定的窃电工具、窃电痕迹、计量表计等，检查人员应提请公安机关、公正部门等予封存，不得擅自拆下带回企业看管。拒绝接受处理的，应报请电力管理部门依法处理；情节严重，违反治安管理处罚规定的，由公安机关依法予以治安处罚；构成犯罪的，由司法机关依法追究刑事责任。

二、用电检查结果

《用电检查管理办法》规定，经现场检查确认用户的设备状况、电工作业行为、运行管理等方面有不符合安全规定的，或者在电力使用上有明显违反国家有关规定的，用电检查人员应开具"用电检查结果通知书"或"违章用电、窃电通知书"，同时在实践中有供电企业还普遍存在给用户开具"用户电气设备整改通知书""违约用电处理工作单""窃电处理工作单"等多种形式的单据，通知用户用电检查的结果。

　　实际上，我们认为"违章用电、窃电通知书""违约用电通知书""窃电处理工作单"等完全可以用"用电检查结果通知书"代替，理由如下：①"用电检查通知书"所记载的内容主要是用电检查的结果，而用户存在违章用电、窃电行为的，给其开具"违章用电、窃电通知书""违约用电通知书""窃电处理工作单"等单据也是用电检查的结果，只不过是将其更严重的违反行为以特别形式通知一次。而这些通知书或工作单的内容基本上是相同的，主要内容也是用电检查的结果。②用电检查是一种民事行为，即使开具了"违章用电、窃电通知书""违约用电通知书""窃电处理工作单"等，在电力管理部门进行行政处罚或者公安部门进行治安管理处罚或是公安部门进行刑事立案时，都是作为证据使用。采用"用电检查结果通知单"将现场有关情况清晰记载，不做定性，同样可以起到证据作用。③"违章用电、窃电通知书"对用户的行为做了法律上的定性，要求其签收时，往往会遭到拒不签收，使之在后续的处理上反倒缺乏证据，而"用电检查通知书"对用户行为不做任何定性，反倒容易签收，并且如果记录内容清晰、完整、全面的话，并不妨碍其作为证据使用。因此，建议将"违章用电、窃电通知书""违约用电通知书""窃电处理工作单"等用"用电检查结果通知书"代替，而对于确需立即整改的安全隐患应开具"安全隐患整改通知书"通知用户。

相关案例 ⓘ

1. 案情简介

陈某在供电局 10kV 架空高压线下建房，架空线路对地安全距离不足，造成严重安全隐患。供电局向陈某发出"安全隐患整改通知书"，要求陈某限期整改，否则由此引发的该线路安全事故由陈某承担。陈某不服，向县人民政府申请行政复议，要求撤销"安全隐患整改通知书"。县人民政府以供电企业不是行政机关，其发通知书的行为不是行政行为为由不予受理。陈某对该决定不服，以县人民政府为被告、供电局为第三人向市中级人民法院提起诉讼，要求撤销县人民政府的决定，并判令县人民政府作出受理其复议申请的决定。市中级人民法院一审判决驳回陈某的诉讼请求，省高级人民法院二审维持原判。

2. 简要分析

供电企业发现电力设施安全隐患后向用户发出"安全隐患整改通知书"是供电企业处理电力设施安全隐患的常用方式，也是供电企业防范法律风险的重要措施。"安全隐患整改通知书"是供电企业经常使用的一种法律文书。通过分析该法律文书使用过程中的法律问题，以期县供电企业更好地应用此类法律文书保护自己的合法权益。

(1) 认清法律性质。在供电企业向用户签发"安全隐患整改通知书"后，经常有用户认为供电企业签发"安全隐患整改通知书"的行为属于具体行政行为，由此引发争议，甚至提起诉讼。"安全隐患整改通知书"的法律性质到底是不是行政行为呢？

首先，从主体上讲，供电企业的法律性质是企业法人，不是行政机关。依据国家经济贸易委员会《关于调整电力行政管理职能有关问题的意见》的要求，电力管理部门与供电企业实行了"政企分开"的职能划分，有关电力管理的行政职能由各级电力行政管理部门行使，电力工业局改制为供电企业不再承担行政职能。根据《电力法》规定县级以上地方人民政府经济综合主管部门是本行政区域内的电力管理部门，供电企业是经当地工商行政管理部门依法核准成立、领有营业执照的企业单位。因此，供电企业不是行政行为的适格主体，供电企业的行为也不是行政行为。

其次，从合同履行角度讲，供电企业与用户签订供用电合同，为了保证安全、可靠、持续供电，全面、适当履行供用电合同，供电企业和用户都有义务保证电力设施安全。否则，无法实现供用电合同的目的。同时，电力运行特别是高压电力运行属于高度危险作业，任何微小的安全隐患都可能会给供用电双方带来巨大的财产损失，供电企业向用户发出的"安全隐患整改通知书"仅是供电企业为维护电力设施安全，保护双方合法权益而向用户发出的通知，是合同附随义务的具体体现，属于民事法律文书。

最后，从民事行为角度讲，供电企业向用户发出

"安全隐患整改通知书"是供电企业行使自身民事权利的一种行为。供电企业作为电力设施的产权人，对电力设施享有所有权，同时也承担运行维护责任，以保证电力设施的安全运行，不对他人生命财产造成损害。电力属于高危商品，为维护电力设施安全，保护公共利益，法律、法规对其作出特别规定，进行保护。用户危害电力设施安全的行为可能会给供电企业造成财产损失，也可能对人民群众的生命安全和财产造成损失。供电企业作为电力设施的产权人，有权依据国家的法律、法规对自己的财产进行保护及排除妨碍。供电企业可以依据《民法通则》第一百三十四条的规定，对用户危害安全用电的行为要求停止侵害、排除妨碍、消除危险。"安全隐患整改通知书"就是供电企业为维护自身及人民群众的生命和财产安全，行使上述法律、法规规定的权利而向用户发出的要求其停止侵害、排除妨碍、消除危险的法律文书。供电企业向用户发出"安全隐患整改通知书"是在行使自己的民事权利。

(2) 适时签发"安全隐患整改通知书"。"安全隐患整改通知书"只是供电企业行使民事权利的一种形式，不具备行政行为效力。如果用户接到"安全隐患整改通知书"后拒不执行，对隐患不进行处理或整改，供电企业并没有权力强制执行。尽管如此，对于用户危害电力设施安全的行为签发"安全隐患整改通知书"依然是很有必要的。

首先，发出"安全隐患整改通知书"是发现和处理安全隐患的初始步骤，可以有效减少或防止电力设施安全风险。大多数用户并不想因其违法行为发生危害电力设施的后果，只是对电力设施安全知识匮乏，导致其做出违法行为。签发"安全隐患整改通知书"可以提醒用户，使用户更多的了解电力设施安全知识，在一定程度上制止违法行为，防止安全事故的发生。

其次，通过对"安全隐患整改通知书"整理分析，有利于供电企业分析电力设施安全风险的成因，制定相应的防范措施，总结防范安全风险的经验，加强电网安全风险防范工作。

最后，发出"安全隐患整改通知书"有利于保全证据，以证明供电企业已尽法律规定或者合同约定的运行维护责任，从而在诉讼中减轻供电企业责任，减少供电企业损失。

（3）准确使用"安全隐患整改通知书"。①注意发出"安全隐患整改通知书"的情况。供电企业在日常运行维护中，发现在供电企业所有的和受托运行维护的电力设施保护区范围内有违反《电力法》第五十二条、五十三条规定和违反《电力设施保护条例》第十四～十七条规定及危及电力设施安全的行为时，可向行为人发出"安全隐患整改通知书"，要求其在限期内对违法行为进行整改。②"安全隐患整改通知书"的主要内容要全面。"安全隐患整改通知书"主要内容应包括违章人的主体名称、主要违章事实、违反的法律规定及具体的整改措施。"安全隐患整改通知书"签署部分应注明签发单位、送达人（送达人最好为两人）、送达时间及签收人、签收时间。"安全隐患整改通知书"应一式两份，或备有存根。③签发"安全隐患整改通知书"时应保全有关证据。供电企业在签发"安全隐患整改通知书"，制止违法行为时，除保存好"安全隐患整改通知书"外，还应当高度重视违法行为证据的收集和保全工作。在众多触电损害赔偿案件中，供电企业承担了本不应由供电企业承担的赔偿责任，主要原因之一就在于供电企业没有重视证据的收集和保全工作，诉讼时无法证明引起安全隐患的情形，对外力破坏无法举证。因此，供电企业发现安全隐患后，不但要采取措施制止和补救，而且要及时收集和保全引起电力设施安全风险的相关证据。收集、保全证据的办法包括：自行拍照、摄像以固定损害行为或通过公证部门对证据进行保全；对于自身无法解决的问题向安全监管部门或电力行政主管部门报告并保留相关的报告材料；以特快专递或者公证方式送达违章通知书、停工通知书，并保留用户签收凭证或邮寄送达凭证；对于涉及犯罪的，应及时向公安机关报警，由公安机关对现场进行勘查、记录，对相关情况制作询问笔录。④积极采取其他措施制止侵害行为。在实践中，法院通常认为：供电企业作为电力设施的产权人和维护管理人，对该电力设施负有法定的维护管理责任。供电企业发出"安全隐患通知书"已经尽到部分维护管理责任，可以减轻供电企业的部分责任。但不意味着供电企业已完全履行了维护责任，而是应采取进一步的措施，杜绝风险。法院认为必须结合隐患的处理情况来判断供电企业是否已完全履行维护责任。

因此，供电企业在签发了"安全隐患整改通知书"后，如用户没有及时整改，应将此情况上报有权处理的电力管理部门，由其依照《电力法》《电力设施保护条例》等法律、法规的规定对用户造成的安全隐患进行处理。或向法院提起诉讼，要求消除危险、排除妨碍。也就是说，供电企业必须用尽救济手段完成维护责任，在法律上才被认为完全尽到安全运行的维护责任。

三、本节法律风险防范提示

问题：《用电检查管理办法》是原中华人民共和国电力工业部于1996年颁布实施的，现在中华人民共和国电力工业部已经撤销，现在谁有权制作"用电检查工作单"？怎么制作？

答：《用电检查管理办法》规定执行用电检查任务前，用电检查人员应按规定填写"用电检查工作单"，经审核批准后，方能赴用户执行查电任务。查电工作终结后，用电检查人员应将"用电检查工作单"交回存档。"用电检查工作单"内容应包括：用户单位名称、用电检查人员姓名、检查项目及内容、检查日期、检查结果，以及用户代表签字等栏目。据此，我们认为在电力管理部门未出台正式的"用电检查工作单"范本之前，供电企业均可以自行制作"用电检查工作单",但该工作单中内容必须包含用户单位名称、用电检查人员姓名、检查项目及内容、检查日期、检查结果,以及用户代表签字等要素。

第四节 用电检查的人员及资格

重点提示

1. 申请用电检查员应具备什么样的条件?
2. 用电检查员应如何分类?
3. 不同电压等级的用电检查如何区分?

基础知识

用电检查是供电企业营销工作的重要组成部分,用电检查员是供电企业营销工作的重要岗位,供电企业对用户进行用电检查工作是由用电检查员完成的,用电检查员在供电企业与用户的沟通中起着重要的桥梁作用。用电检查员不仅要执行《电力法》《电力供应与使用条例》《电力设施保护条例》《供电营业规则》等国家法律、法规、方针、政策,还要具备相关的专业技术知识,检查相关的技术设备等,供电检查员的工作对维护电力设施安全运行、电网安全具有重要意义。用电检查员通过用电检查,保证电网和用户的用电安全,维护供电企业和用户的合法权益。供电检查员的工作业绩直接关系供电企业的生产经营和经营业绩。

一、用电检查员的级别

根据用电检查工作需要,用电检查员职务序列分为三级,分别为一级用电检查员、二级用电检查员、三级用电检查员。

二、申请用电检查员应具备的条件

根据《用电检查管理办法》规定，用电检查人员应具备下列条件：①作风正派，办事公道，廉洁奉公。②已取得相应的用电检查资格。聘为一级用电检查员者，应具有一级用电检查资格；聘为二级用电检查员者，应具有二级及以上用电检查资格；聘为三级用电检查员者，应具有三级及以上用电检查资格。③经过法律知识培训，熟悉与供用电业务有关的法律、法规、方针、政策、技术标准以及供用电管理规章制度。

三、用电检查资格的取得和条件

对用电检查人员的资格实行考核认定，用电检查资格分为一级用电检查资格、二级用电检查资格、三级用电检查资格三类。用电检查资格试题由跨省电网经营企业或省级电网经营企业组织统一考试，合格后发给相应的"用电检查资格证书"。申请一级用电检查资格者：应已取得电气专业高级工程师或工程师、高级技师资格；或者具有电气专业大专以上文化程度，并在用电岗位上连续工作5年以上；或者取得二级用电检查资格后，在用电检查岗位工作5年以上者。申请二级用电检查资格者：应已取得电气专业工程师、助理工程师、技师资格；或者具有电气专业中专以上文化程度，并在用电岗位连续工作3年以上；或者取得三级用电检查资格后，在用电检查岗位工作3年以上者。申请三级用电检查资格者：应已取得电气专业助理工程师、技术员资格；或者具有电气专业中专以上文化程度，并在用电岗位工作1年以上；或者已在用电检查岗位连续工作5年以上者。

四、用电检查员担任不同电压等级的用电检查任务

用电检查人员根据职务序列的不同，担任不同电压等级的用电检查任务：三级用电检查员仅能担任 0.4kV 及以下电压受电用户的用电检查工作；二级用电检查员能担任 10kV 及以下电压供电用户的用电检查工作；一级用电检查员能担任 220kV 及以下电压供电用户的用电检查工作。

五、用电检查的纪律

用电检查人员应认真履行用电检查职责，赴用户执行用电检查任务时，应随身携带"用电检查证"，并按"用电检查工作单"规定的项目和内容进行检查。

用电检查人员在执行用电检查任务时，应遵守用户的保卫保密规定，不得在检查现场替代用户进行电工作业。

用电检查人员必须遵纪守法，依法检查，廉洁奉公，不徇私舞弊，不以电谋私。违反法律规定者，依据有关规定给予经济的、行政的处分；构成犯罪的，依法追究其刑事责任。

第二章

用电检查证据收集

第一节　证据概述

● 重点提示

1. 常见的证据有哪些？

2. 制作书证、物证应注意哪些问题？

● 基础知识

从某种意义上说，证据是权利的基础，或者说是正义的基础。用电检查过程既包括违章用电、窃电等的发现过程、违章用电、窃电等行为的处理过程，又包括证据的收集过程。证据对于违章用电、窃电等行为的处理有着怎样的地位不言而喻。

一、证据的定义

证据是指能够证明案件真实情况的一切事实，即认定案件事实的根据。在用电检查过程中，要证明违章用电、窃电事实的存在与否，必须以事实为依据，这个事实就是证据。证明的过程就是运用证据这一事实来证实和查明违章用电、窃电案件事实的过程。证据是处理一切违章用电、窃电案件的前提和基础，因为证据是处理违章用电、窃电案件的事实依据，只有有证据证明了的事实，才能认定违章用电、窃电行为存在。没有证据或者证据不足，就不能确认违章用电、窃电的事实，就无法对违章用电、窃电行为进行处理。

二、证据的特点

1. 证据的客观性

证据的客观性，也称为证据的真实性或者确实性，是指证明违章用电、窃电案件事实的证据，作为已发生的案件事实的客观遗留，是不以人们的主观意志为转移的客观存在。违章用电、窃电证据必须是真实的、客观存在的事实。违章用电、窃电案件的发生和存在都不是孤立存在的，必然会留下相应的痕迹或印象，必然同一定的人和事相关系，而这些都是客观的。证据的真实性是证据最本质的特征，但这不意味着有关人员收集到的证据一定是客观真实的，因为证据必须通过一定的形式表现出来，而人的认识总是需要通过语言、文字等陈述出来，这些事实属于经验事实。由于人的认识的有限性和客观事实通过语言、文字等实体反映过程的复杂性，人们的认识并不能完全反映客观存在。因此，法律规定一切证据材料必须经过查证属实，才能作为定案的依据。

2. 证据的关联性

证据的关联性，又称为证据的相关性，是指证据必须与需要证明的事实之间具有必然的联系。客观性固然是证据的最本质特征，但是仅有客观性的事实还不能成为证据，客观事实与违章用电、窃电事实还必须存在客观联系，借助于它能够证明违章用电、窃电案件的真实情况。因为客观存在的事实很多，但并非所有的客观事实都能作为违章用电、窃电案件的证据，与违章用电、窃电案件没有关系的客观事实，不能证明违章用电、窃电案件的真实情况，不能作为违章用电、窃电案件的证据，只有与违章用电、窃电案件有实在联系的客观事实才能对案件起证明作用，从而成为违章用电、窃电证据。违章用电、窃电证据与案件事实的联系是多种多样的，有因果联系、条件联系、时间联系、空间联系、必然联系和偶然联系等。其中，因果联系是最常见、最主要的联系。

3. 证据的合法性

证据的合法性，是指作为证据的事实必须以法律规定的特殊形式存在，并且证据的提取方法、收集程序应符合法定程序。违章用电、窃电证据的合法性主要表现在以下几方面：

（1）违章用电、窃电证据必须是法定人员依照法律规定的程序和方法收集的。收集违章用电、窃电证据必须依法进行，依法收集违章用电、窃电证据，既是程序正义的重要标志，又是正确认定案件事实的重要保证。只有合法收集的违章用电、窃电证据才能作为裁判的依据，通过违法手段获取的违章用电、窃电证据不能采用。

（2）违章用电、窃电证据必须具备合法的形式。对于不同性质诉讼的要求，违章用电、窃电证据必须分别符合我国民事诉讼法、行政诉讼法、刑事诉讼法的有关规定，否则不能作为认定违章用电、窃电案件事实的证据。

（3）违章用电、窃电证据必须有合法的来源。如果违章用电、窃电证据的来源不合法，就不能用作认定违章用电、窃电案件事实的证据。

相关案例 ⓘ

1. 案情简介

某房地产开发有限公司是某小区的开发商，仲量物业管理部系独资公司，开发商委托仲量物业管理部负责对此小区进行物业管理。邢某、戴某、李某均受仲量物业管理部指派，在此小区物业管理中心担任经理、工程部主管、工程部电工。邢某全面负责管理物业中心各项事务，戴某分管物业中心工程部事务，李某接受戴某的工作安排和监督管理。仲量物业管理部收取业主物业费后存入专用账户，小区公用部位的电费从账户中支取，每月电费账单经戴某、邢某及仲量物业管理部主管人员签字确认，该账户属于专款专用，开发商、仲量物业管理部、物业中心、任何个人无权擅自动用。三名被告人均实行固定薪酬制。2006年1月，仲量物业管理部正式进驻B小区，发现1月的公用部位电费高达20万余元，远远超出每月18万元的预算标准，为节省电费开支、提高工作业绩，经邢某授权同意后，由戴某指使李某实施窃电，窃电行为从2006年3月1日起至2007年1月11日止。2007年1月12日，市电力公司对此小区进行突击检查，现场发现有28只电能表处于正在窃电状态，另有13只电能表封印被开启。三名被告人在窃电过程中未获得经济利益。公诉机关指控涉窃电量为1 856 362kW，盗窃金额为1 580 923.94元。三名被告人及辩护人对公诉机关指控的基本犯罪事实无异议，但对指控的盗窃数额提出异议：①涉窃电能表数量为 28 只，不是专家估算报告认定的 41 只；②专家估算报告中的涉窃电量及金额认定过高，与实际情况不相符合。

2. 法院判决

(1) 关于三名被告人的行为定性。一审法院认为，三名被告人的行为构成盗窃罪。本案系单位犯罪，邢某作为物业中心负责人具有管理决策权，为节约物业中心的电费开支，与戴某预谋实施窃电，并由李某直接实施，上述情况符合为单位谋取利益、由单位负责人决定、通过直接责任人员实施的单位犯罪特征。依据最高人民检察院《关于单位有关人员组织实施盗窃行为如何适用法律问题的批复》(高检发释字〔2002〕5号) 规定，单位有关人员为谋取单位利益组织实施盗窃行为，情节严重的，应当依照《中华人民共和国刑法》第二百六十四条的规定，以盗窃罪追究直接责任人员的刑事责任。法院依据此批复认定被告人的行为构成盗窃罪。

(2) 关于涉窃电能表的数量。一审法院认为，公诉机关指控涉窃电能表 41 只有误，涉窃电能表数量应当为 28 只。经查实，2007 年 1 月 12 日，供电公司对此小区进行突击检查，发现有 28 只电能表封印开启、令克断开，处于正在窃电状态，检查人员即拍摄照片，开具 28 张违章用电、窃电检查单，由戴某当场签字。同年 2 月 6 日，市电力公司再次至小区检查，发现另有

13 只电能表封印开启，检查人员当即拍摄照片，开具 13 张检查单，但物业中心人员拒绝签字。另查实，三名被告人在侦查、起诉、审判阶段的多次供述中，均陈述对 28 只电能表实施窃电。从证据规则角度分析，刑事案件要求证据具有唯一性和排他性。根据用电常识，电能表封印开启仅是窃电的必经程序，但封印开启不能必然导致窃电，不能必然推出窃电的唯一结论，仍然存在未实施窃电的可能性。本案中，封印开启的状态是证实 13 只电能表可能窃电的唯一证据，此外无其他相关证据予以印证，不能形成完整的证据锁链，且这种状态尚不能推出唯一性和排他性结论，故认定 13 只电能表系窃电的证据不足，应当从涉窃电能表总数中予以扣除，相应涉窃金额 27.9 万元应从盗窃总额中予以扣除。

(3) 关于 28 只涉窃电能表的盗窃金额。一审法院认为，公诉机关依据专家估算报告结论，指控 28 只电能表涉窃电量为 1 515 428kW，涉窃金额为 1 301 657.86 元有误。由于电力属于一次性资源，用电情况不可恢复，因此对丁窃电前的具体用电量不能通过复原方式核定准确数据，法院结合专家估算结论、《供电营业规则》、物业中心提供的开关时间表和空调开启时间表等证据，对 28 只电能表涉及的 9 类电器用电情况进行逐项评析，最终确认涉窃总电量为 1 400 138.8kW，价值人民币 1 201 085.95 元。一审法院认为，被告人邢某、戴某、李某以非法占有为目的，盗窃电力价值人民币

1 201 085.95 元，数额特别巨大，其行为均已构成盗窃罪。邢某系主犯，具有自首情节，依法减轻处罚。戴某与李某均系从犯，具有自首情节和悔罪表现，依法减轻处罚并适用缓刑。据此，一审法院以盗窃罪判处被告人邢某有期徒刑四年，罚金人民币一万元；被告人戴某有期徒刑三年，缓刑三年，罚金人民币八千元；被告人李某有期徒刑二年，缓刑二年，罚金人民币五千元。一审宣判后，被告人邢某以量刑过重为由提出上诉。二审期间，仲量联行退缴全部犯罪所得，邢某在家属帮助下缴纳了罚金。二审法院经审理后认为，原判认定事实清楚，证据确实充分，鉴于上诉人具有认罪悔罪表现，可酌情从轻处罚并予以缓刑考验，依法改判邢某有期徒刑三年，缓刑四年。

三、证据的种类

违章用电、窃电的法律责任可能涉及民事责任、行政责任和刑事责任，以下分别介绍不同法律规定的证据种类：

(1)《中华人民共和国民事诉讼法》(以下简称《民事诉讼法》) 规定证据分为：书证、物证、视听资料、证人证言、当事人的陈述、鉴定结论、勘验笔录。

(2)《中华人民共和国行政诉讼法》(以下简称《行政诉讼法》) 规定证据可分为：书证、物证、视听资料、证人证言、当事人的陈述、鉴定结论、勘验笔录和现场笔录。

（3）《中华人民共和国刑事诉讼法》（以下简称《刑事诉讼法》）规定证据分为：物证；书证；证人证言；被害人陈述；犯罪嫌疑人、被告人供述和辩解；鉴定意见；勘验、检查、辨认、侦查实验等笔录；视听资料、电子数据。

从以上规定可以看出，《民事诉讼法》《行政诉讼法》和《刑事诉讼法》规定的证据种类大体相同。下面详细介绍违章用电、窃电的证据种类。

1. 书证

书证，是指以文字、符号、图画等记载的内容和表达的思想来证明案件事实的书面文件和其他物品。书证必须同时具备两个条件：一是书证必须是以文字、符号、图画等记载或者表达了人的一定思想的物品，而且其所记载或表达的思想内容能够为人们认知和理解，可借以发现信息；二是该项材料所记载的内容或者所表达的思想，必须与待证明的案件事实有关联，能够借以证明案件事实。违章用电、窃电的书证是指以文字、符号、图画等记载的内容和表达人的思想，其内容对违章用电、窃电案件的真实情况具有证明作用的证据。

例如，用户的主体证据资料（《营业执照》、工商登记资料、身份证或户口本）、用户基础数据资料（用电申请资料、用电变更资料、供用电合同、电能表、电压互感器、电流互感器、二次回路阻抗等计量装置各组成部分的原始资料等）、用户窃电资料（《窃电通知书》《窃电处理单》、电力管理部门作出的调查报告或行政处罚决定书等）。

2. 物证

物证，是指以其物质属性包括外部特征、存在场所等证明案件事实的实物或物质痕迹。物证包括实物和痕迹两类：实物指与案件事实有联系的客观实在物；痕迹包括两个物体相互作用所产生的印痕和物体运动时所产生的轨迹。违章用电、窃电的证据中物证是指据以查明违章用电、窃电案件，能够证明违章用电、窃电案件真实情况的一切物品、痕迹。在反违章用电、窃电案件中，物证是最重要的证据。

例如，实施窃电用的窃电器、移相器、升流器等窃电工具和设备、被损坏的计量装置、伪造的计量装置封印和被拆开的计量装置封印；被更动的箱柜门锁具、电能表、互感器和电压、电流二次回路接线等。

物证与书证在同一案件中有时难以区分，根据定义，物证与书证的区别在于：书证系以其记载和表达的思想内容来证明案件真实情况；物证则是以其外部特征来证明案件真实情况。违章用电、窃电案件中有时候一个证据可能既是物证又是书证。

3. 视听资料

视听资料，是指利用录音或录像带反映出来的形象和音响，或以电子计算器储存的资料来证明一定案件事实的证据。视听资料有以下特点：

（1）视听资料的形成、储存和再现，具有高度的准确性和逼真性。

（2）具有各种言词证据都不具备的直感性，可以将与案件有关的形象和音响，甚至案件发生的实际状况直观地再现在人们面前。

（3）视听资料具有客观性强、能动态连续地再现案情、信息量丰富等优点。

例如录音带、录像带、电视录像、微型胶卷、电子计算机装置等储存的数据和资料等。供电企业的负荷控制装置、远程抄表系统、多功能电子式电能表等也属于视听资料。

4. 证人证言

证人证言，是指证人向供电企业、电力管理部门或者公安机关、司法机关等表达自己知道的违章用电、窃电案件的客观真实情况。

《刑事诉讼法》规定："凡是知道案件情况的人，都有作证的义务；生理上、精神上有缺陷或者年幼，不能辨别是非、不能正确表达的人，不能作证人。"《民事诉讼法》第七十条规定："凡是知道案件情况的单位和个人，都有义务出庭作证。有关单位的负责人应当支持证人作证。"《最高人民法院关于民事诉讼证据的若干规定》（法释〔2001〕33号）第五十三条规定："不能正确表达意志的人，不能作为证人。待证事实与其年龄、智力状况或者精神健康状况相适应的无民事行为能力人和限制民事行为能力人，可以作为证人。"

根据上述法律规定，在我国能作为违章用电、窃电案件中的证人必须符合以下条件：

（1）证人必须是自然人，并具有人身不可替代性；以单位名义出具的证明材料其法律效力尚有争议，在实践取证中，确需单位出具证明材料的，加以相关人员签名为最佳。

(2) 证人必须了解案件真实情况，了解案件情况既可以是直接了解，也可以是间接了解。证人证言是证人对案件有关真实情况的感知的陈述，要具有一定的客观真实性，其作证时只能根据亲身经历的案件事实进行陈述。

(3) 证人必须能够辨别是非、能够正确表达自己的意志。证人必须通过自己的言谈举止将其感知的案件有关真实情况表达出来，这就要求证人在生理上和心理上具备表达自己和控制自己的能力，能够通过自己的言谈举止将其亲身感知的案件事实表达出来。如果证人虽然了解案件真实情况，但由于自身的生理或心理问题，无法将案件事实情况表达出来，也就无法达到作证的目的。因此，生理上、精神上有缺陷或者年幼，从而不能辨别是非、不能正确表达的人，不能作为证人。其他原因导致不能辨别是非、不能正确表达的人，也不能作为证人。

(4) 证人必须能够认识作证的法律后果并有承担相应法律责任的能力。因为证人要懂得和承担作伪证的法律后果，尽管《最高人民法院关于民事诉讼证据的若干规定》(法释〔2001〕33 号) 使得无行为能力人在一定的情况下也具有证人的主体资格，但是处理违章用电、窃电案件中的证人最好还是要求具有民事行为能力的人 (10 周岁以上)。

常见的证人主体由举报人的举报、现场查电人员证言、在场的两个以上无利害关系人员的证言等。

5. 当事人陈述、被害人陈述、犯罪嫌疑人、被告人供述和辩解

当事人陈述是指诉讼中的原告、被告和第三人就他们

对案件事实的感知和认识所发表的陈词及叙述。这里的当事人主要是指供电企业和违章用电、窃电者。具体的查电人员、见证人、举报人均不属于这里的当事人。

被害人陈述是指犯罪行为的直接受害者就其了解的案件情况向司法工作人员所作的陈述。这里的被害人主要是指供电企业。被害人的称谓主要出现在刑事诉讼中。

犯罪嫌疑人、被告人供述是指犯罪嫌疑人、被告人向公安机关、人民检察院和人民法院承认犯有某种罪行所作的交代。

犯罪嫌疑人、被告人辩解，则是指犯罪嫌疑人、被告人不承认犯有罪行，或者具有从轻、减轻、免除处罚情节等针对控诉提出的反驳和申辩。

6. 鉴定结论

在诉讼中运用专门知识或技能，对某些专门性问题进行检验、分析后所作出的科学判断，称为鉴定。进行这种鉴定活动的人，称为鉴定人。鉴定人对案件中需要解决的专门性问题进行鉴定后作出的结论，称为鉴定结论或鉴定意见。

鉴定结论往往是专家根据其经验、知识或者技能做出，但是专家往往并不了解案件事实，只有在接受指派，对案件中一些特定的专门性问题进行研究、鉴定后，对该特定专门性问题发表的意见才是鉴定结论。因而，鉴定结论是专家对与案件事实有关之问题提供的结论性意见。

7. 勘验、检查笔录

勘验、检查笔录是指执法人员依法对物证和现场的物品、人身等进行勘查、检验的情况所作的记载。

违章用电、窃电案件中的勘验、检查笔录，是指有关执法人员对物证和现场进行实地勘查和检验的如实记录，包括文字记载、绘图、摄影等。

四、证据的分类

按照不同的标准，可将违章用电、窃电证据分为不同的种类。划分的目的在于理解和掌握不同证据的特征，以便更好地在反违章用电、窃电活动中收集、调查和运用证据。

（1）按照主张违章用电、窃电事实存在或否认对方所主张的违章用电、窃电事实来划分，可将违章用电、窃电证据分为本证和反证。

本证是指当事人一方主张某种事实，提出能证明该事实存在的证据。与之相对应的是反证。违章用电、窃电案件中，本证由负有证明责任的供电部门或者电力管理部门、公安机关提出，用以证明行为人违章用电、窃电事实的存在。反证即当事人为了推翻对方所主张的事实，而另提出其他事实所举出的证据。如在供电企业查处违章用电、窃电过程中，用户不承认违章用电、窃电事实，向法院提起民事诉讼，则本证由供电企业提出，反证就由用户提出。

（2）按违章用电、窃电证据的来源不同，可将其划分为原始证据和传来证据。

原始证据，就是直接来源于案件客观事实的证据。传来证据，就是从原始证据中派生出来的证据。违章用电、窃电证据的原始证据是指违章用电、窃电证据本身来源于违章用电、窃电案件事实的证据。违章用电、窃电证据的传来证据又称为派生证据。一般来讲，原始证据的可靠性要大于传来证据，但是也不是一定大于传来证据，因为原始证据也存在真实性的问题。原始证据在查处违章用电、窃电案件中具有重要作用，但是也不能忽视传来证据的作用。因为违章用电、窃电的隐蔽性较强，难以发现，所以在查处违章用电、窃电案件中传来证据就显得十分重要。例如，群众举报窃电，可能是依据他人提供的消息或者线索，这虽然是典型的传来证据，但是供电企业也可以充分利用，作为查处窃电的重要线索。

（3）按照证据与证明对象的关系，可以把违章用电、窃电证据划分为直接证据和间接证据。

直接证据是指能够直接证明违章用电、窃电案件中待证事实的证据。间接证据是指不能够单独地、直接地证明违章用电、窃电案件中的待证事实，但与待证事实有某种间接联系的证据。直接证据是诉讼中的主要证据，可以直接确认违章用电、窃电的事实；间接证据只起辅助作用，但是在查处违章用电、窃电案件中，间接证据的作用不可忽视，因为在查处违章用电、窃电中能够获取的直接证据比较有限，更需要间接证据的辅助。间接证据在违章用电、窃电案件有着非常重要的作用：①间接证据可以作为调查研究整个案情的向导。②间接证据可以鉴别直接证据的真伪。③几个间接证据联系起来的证明效力，就可以相当于甚至超过一个直接证据的证明效力。因此，在查处违章用电、窃电案件时，要注重收集一切与案件有关的证据，综合运用证据之间的关系，将各个证据联系起来，构成证据链，证明违章用电、窃电事实。

五、本节法律风险防范提示

1. 制作书证应当注意哪些问题？

根据法律规定，收集、调取的书证应当是原件。如果原件不便取得时，也可以是副本或者复制件。书证的副本、复制件，经与原件核实无误时，具有与原件同等的证明力。制作书证的副本、复制件时，制作人不得少于 2 人。提供书证的副本、复制件时，应当附有关于制作过程的文字说明及原物存放处的说明，并由制作人签名或者盖章。

2. 提取物证应当注意哪些方面？

根据法律规定，收集、调取的物证应当是原物。原物不便搬运或者保存时，可以拍摄足以反映原物外形或者内容的照片、录像。物证的照片、录像，经与原件、原物核实无误时，具有与原件、原物同等的证明力。拍摄物证的照片、录像以及对有关证据录音时，制作人不得少于 2 人。提供照片、音像制品时，应当附有关于制作过程的文字说明及原物存放处的说明，并由制作人签名或者盖章。

3. 物证、书证、视听材料为什么原则上须提供原件？

书证、物证、视听资料三种证据都存在其外在形式与实质内容的真实性问题，对这三种证据进行质证，本身就是对其形式与实质的证明力进行质疑，提出其在外在形式上存在的疑点或瑕疵，并借以减弱、削弱其实质证明力。所以，在对书证、物证和视听资料三种证据进行质证时，当事人有权要求对方提供原件或者原物，以保证其形式的真实性。这是对当事人程序保障的体现。

4. 视听材料能否单独作为认定事实的依据？

相对于其他类型的证据，视听资料具有高度的准确性和直观性，只要录制对象正确、录制方法得当、录制设备正常，视听资料就能十分准确地记录案件事实。《最高人民法院关于民事诉讼证据的若干规定》(法释〔2001〕33号) 第六十八条规定："以侵害他人合法权益或者违反法律禁止性规定的方法取得的证据，不能作为认定案件事实的依据。"第六十九条规定："下列证据不能单独作为认定案件事实的依据：……（三）存有疑点的视听资料……"第七十条规定"一方当事人提出的下列证据，对方当事人提出异议但没有足以反驳的相反证据的，人民法院应当确认其证明力：……（三）有其他证据佐证并以合法手段取得的、无疑点的视听资料或与视听资料核对无误的复制件……"《最高人民法院关于民事诉讼证据的若干规定》(法释〔2001〕33号) 为审判机关对视听证据的采信提出了两个条件：一是视听资料不得以侵害他人合法权益或者违反法律禁止性规定的方法取得；二是要无疑点。

5. 证人需要出庭作证吗？

《民事诉讼法》第七十三条规定："经人民法院通知，证人应当出庭作证。有下列情形之一的，经人民法院许可，可以通过书面证言、视听传输技术或者视听资料等方式作证：（一）因健康原因不能出庭的；（二）因路途遥远，交通不便不能出庭的；（三）因自然灾害等不可抗力不能出庭的；（四）其他有正当理由不能出庭。"此外，《最高人民法院关于民事诉讼证据的若干规定》(法释〔2001〕33号) 第五十五条规定："证人在人民法院组织双方当事人交换证据时出席陈述证言的，可视为出庭作证。"对于证人出庭作证的费用，《民事诉讼法》第七十四条规定："证人因履行出庭作证义务而支出的交通、住宿、就餐等必要费用以及误工损失，由败诉一方当事人负担。当事人申请证人作证的，由该当事人先行垫付；当事人没有申请，人民法院通知证人作证的，由人民法院先行垫付。"

6. 有利害关系的证人证言有证明效力吗？

凡是知道案件事实的人，都有出庭作证的义务，但证言的效力依据该证人与有关当事人的关系而有所不同。根据法律规定，与一方当事人有亲属关系或者其他密切关系的证人所作的对该当事人有利的证言，或者与一方当事人有不利关系的证人所作的对该当事人不利的证言不能单独作为定案依据。因此，有利害关系的证人证言有一定的证明效力，但不能单独作为认定事实的依据，需要其他证据加以佐证。

第二节　取证的方法与途径

重点提示

1. 收集证据有哪些途径和方法？

2. 如何收集窃电的证据？

基础知识

一、收集证据的途径

各种违章用电、窃电行为证据的收集方法与对象往往是统一的，所以统一称为收集证据的方法。

（一）供电企业自行收集证据的方法

供电企业用电检查人员发现违章用电、窃电行为进行现场自行收集证据的方法有：

（1）拍照。拍照尽量使用胶卷型照相机。拍照的技巧与普通拍摄没有实质性的差别，主要把握两个方面：一是大中小（远中近）镜头，即能否分别反映查处违章用电、窃电时整体画面的大影像，反映处理违章用电、窃电某项事务（例如用户工作人员签收、拒收文件的影像）的中影像，以及反映违章用电、窃电具体方式、手段、电能计量装置、电力装置、主要用电设备及其铭牌的小影像；二是照片主题鲜明，能明显反映出照片中所需证明的对象内容。

（2）录像。录像的摄制技巧与拍照类似，主要把握两个方面：一是大中小（远中近）镜头，即能否分别反映查处违章用电、窃电时整体画面的大影像，反映处理违章用电、窃电某项事务（例如用户签收、拒收文件的影像）的中影像，以及反映违章用电、窃电具体方式、手段、电能计量装置、电力装置、主要用电设备及其铭牌的小影像；二是录像应连贯，保持画面清晰，尽量减少抖动。

（3）录音。录音作为证据需要具备三个方面的条件：①当事人的录音证据是真实的，未被剪接、剪辑或者伪造，前后连接紧密，内容未被篡改，具有原始性和连贯性。②证据的合法性。以侵害他人合法权益或者违反法律禁止性规定的方法取得的证据，不能作为认定案件事实的依据。也就是说并未采取侵害原告合法权益如原告的隐私，也未采取违反法律禁止性规定的方法如窃听、拘禁或者胁迫等。③认可该录音资料，或虽提出反驳但没有足够的证据加以证明，反驳理由不成立的。因此，实践中录音的技巧要求比较严格，应当注意：①录音的各方当事人身份在录音中应有所体现，能辨认出用电检查人员和用户的各自实施具体行为情况，能反映违章用电、窃电的地点。②录音的时间在录音中也要有所体现，不一定必须在录音中说得非常清楚，但至少应该能够听出大约的时间，或者是能够通过逻辑推断出时间，或者能够根据录音的内容排出事件发生的先后顺序。③要引导对方说"有用"的话，也就是说用户知道存在违章用电、窃电的情况，用户签收、拒绝签收违章用电、窃电文件等内容。④录音的原件要保存好，切勿修改、剪辑和移动存储。

（4）提取物证。常见的物证如用电计量装置、私接线路电线、伪造或开启的封印等。理论上可通过勘验笔录、拍照、录像、绘图、复制模型或者保持原物的方法保全；实践中，用电检查人主要是通过拍照、录像、绘图、封存原物的方式保全。提取物证时，应当注意：①封存原物时最好由双方共同进行确认和封存或由第三者见证，避免供电企业单方封存，供电企业单方取回自行保管；②应能反映出封存的原物与违章用电、窃电者实施违章用电、窃电行为之间的联系，封存的物证不应当是孤立的，供电企业出示的物证应当能够使人确认其就是违章用电、窃电者实施违章用电、窃电行为的证据。

（二）向公证机关申请证据保全

证据保全公证，是指公证机构根据当事人的申请，对可能灭失或以后难以取得的证据，依法进行事先的收存、固定或保管，以保持该证据的真实性和证明力的措施。根据《中华人民共和国公证法》第十一条规定，"保全证据"和"文书上的签名、印鉴、日期，文书的副本、影印本与原本相符"均属于公正机构办理公正事项的范畴。证据保全公证主要适用于诉讼开始前，诉讼开始后的证据保全可以依法向人民法院提起。在查处违章用电、窃电案件中，请公证机关保全证据应当注意以下问题：

（1）须供电企业主动提出申请。公证机关不具有人民法院主动调查取证的职权。

（2）须向住所地、经常居住地、行为地或者事实发生地的公证机构提出。

（3）须与申请公证的事项有利害关系。也就是说，违章用电、窃电者已经涉嫌侵犯了供电企业的合法权益。如果侵犯的是第三人的合法权益，跟供电企业无关，那么不能就此申请证据保全公证。

（4）申请的事项不属于专业技术鉴定、评估事项。对于计量装置准确性的鉴定，属于专业的技术鉴定，不宜申请证据保全公证。

（5）申请公证应当注意成本和及时性。对于违章用电、窃电行为可能涉及违章用电、窃电量较大，违章用电、窃电行为人通过电力技术手段对电能质量产生干扰或妨碍，违章用电、窃电行为人消极不予配合用电检查工作和违章用电、窃电证据容易灭失或被销毁的，可以考虑申请证据保全公证。

相关案例 ⓘ

1. 案情简介

2005年某市供电局接到群众举报，反映该市某玻璃纤维厂有窃电行为，遂组织用电检查人员，通过调取该用户档案、分析比对电费缴纳情况，初步断定该厂存在重大窃电嫌疑。市供电局遂以例行检查为由前往该厂实地查看，获取有关窃电的第一手资料。考虑到用户不予配合的情形，特邀请公证处公证人员做现场证据保全公证。

经查，其行为符合《电力供应与使用条例》第三十一条有关窃电的规定，用电检查人员当即依据原电力部下发的《用电检查管理办法》相关规定，向纤维厂发出了《违章用电、窃电通知书》，然该厂电工拒绝签收通知书。随行的公证人员将检查全过程、现场情况及文书送达等依法进行了公证。

用电检查人员返回后，依据相关规定对纤维厂的窃电量进行了核算，得出该厂盗窃电量48 302kWh，折合人民币80 824.57元。因涉嫌犯罪，市供电局将该案移送至公安机关，提请司法机关依法追究其刑事责任。不久区人民检察院对主要责任人依法提起公诉。

2. 法院判决

人民法院经审理认为，该厂电工的行为构成盗窃罪，该厂厂长指使他人窃电，按窃电共犯处理，并依法追究两人的刑事责任，判处相应罚金。

（三）向人民法院申请证据保全

证据保全是指在证据可能灭失或以后难以取得的情况下，人民法院依据职权对证据资料采取收存等方法，以保持其证明作用的措施。采取证据保全的措施，有助于保护可能破坏或灭失的证据，也便于人民法院在民事审判活动中更好地查明事实，公正地审理案件。

《民事诉讼法》规定："在证据可能灭失或者以后难以取得的情况下，当事人可以在诉讼过程中向人民法院申请保全证据，人民法院也可以主动采取保全措施。因情况紧急，在证据可能灭失或者以后难以取得的情况下，利害关系人可以在提起诉讼或者申请仲裁前向证据所在地、被申请人住所地或者对案件有管辖权的人民法院申请保全证据。"因此，证据保全包括诉前证据保全和诉讼中证据保全。

从我国目前法律规定来看，向人民法院申请证据保全有以下特点：

（1）受理条件比较严格，仅适用于证据可能灭失或以后难以取得的情形，诉前证据保全还须具备"情况紧急"情形。

（2）证据保全的功能不足。只是体现了证据保全的传统功能即保全证据，对于开示证据、确定事实及促进诉讼外纠纷解决的功能尚未体现。

（3）程序规定较为简单。主要体现在：一是人民法院接受申请后，对情况紧急的，必须在四十八小时内作出裁定；裁定采取保全措施的，应当立即开始执行。二是人民法院采取保全措施，可以责令申请人提供担保，申请人不提供担保的，裁定驳回申请。三是申请人在人民法院采取保全措施后三十日内不依法提起诉讼或者申请仲裁的，人民法院应当解除保全。四是保全限于请求的范围，或者与本案有关的财物。

　　在查处违章用电、窃电案件中，对于证据可能灭失或以后难以取得的情形，可以考虑申请人民法院保全证据。申请人民法院保全证据应在法律部门或者法律专业人士的指导下，按照规定的程序和条件进行。"证据可能灭失或以后难以取得"应当根据实际情况进行把握，例如对无供电合同关系的窃电或者窃电行为，需要核定窃电或者窃电行为人的装机容量以确定用电量，但是窃电行为人不提供资料或者不予配合容易导致以后难以取证的，可以向人民法院申请证据保全。

（四）申请人民法院调查取证

　　我国法律规定当事人可以申请人民法院调查取证主要表现为《民事诉讼法》第六十四条第二款规定："当事人及其诉讼代理人因客观原因不能自行收集的证据，或者人民法院认为审理案件需要的证据，人民法院应当调查收集。"另外，《最高人民法院关于民事诉讼证据的若干规定》（法释〔2001〕33号）第十七条也规定了当事人可申请人民法院调查收集证据。

　　上述规定归纳起来，可以较为准确地确定我国民事诉讼中由当事人申请调查收集证据的范围。具体而言，包括以下五种：①申请调查收集的证据属于国家有关部门保存并须人民法院依职权调取的档案材料；②涉及国家秘密、商业秘密、个人隐私的材料；③需要鉴定、勘验的；

④当事人双方提供的证据相互矛盾，经过庭审质证无法认定其效力的；⑤当事人及其诉讼代理人确因客观原因不能自行收集的其他证据。《最高人民法院关于民事诉讼证据的若干规定》第十七条规定："符合下列条件之一的，当事人及其诉讼代理人可以申请人民法院调查收集证据：（一）申请调查收集的证据属于国家有关部门保存并须人民法院依职权调取的档案材料；（二）涉及国家秘密、商业秘密、个人隐私的材料；（三）当事人及其诉讼代理人确因客观原因不能自行收集的其他材料。"该条规定实际上是对《民事诉讼法》第六十四条第二款的具体解释和细化。

供电企业在违章用电、窃电民事责任追究的诉讼中，发现具备上述情形的，可申请法院对以上证据进行调查取证。申请调查取证应当在举证期限届满七日前，以书面形式向人民法院提起申请。

（五）借助公安部门和电力管理部门获取证据

公安部门和电力管理部门等政府组织机构在办理案件过程中调查收取的证据，实践中具有很强的证据证明效力，不仅可以作为行政处罚的支撑证据，也可以作为民事维权的有力证据。

实践中，供电企业在发现违章用电、窃电行为后，发现违章用电、窃电行为人不配合用电检查，或者用暴力或暴力威胁供电企业用电检查人员，或者可能涉及违章用电、窃电量较大基于慎重起见，或者需要强制鉴定等情形的，在不能自行收集相关证据时，可以及时向公安机关报案，并向公安机关或电力管理部门了解侦查后确定的违章用电、窃电行为及损失方面的证据。

公安机关或电力管理部门调查的证据主要有：①公安机关调查询问笔录；②用户的供述材料；③公安机关的鉴定结论；④公安机关案件处理情况的资料；⑤封存或提取的现场物证。

需要注意的是，借助公安机关收集证据材料，需要在发现违章用电、窃电行为后及时报案，并注意保护现场，协助公安机关侦查。

二、提取、收集证据时应遵循的程序

在查处违章用电、窃电工作中，用电检查是供电企业收集违章用电、窃电证据的重要过程，在进行用电检查，特别是涉及需要收集窃电证据的时候，必须遵守法律、法规有关程序的规定。如果不遵守法律、法规规定的程序或者采用非法手段取证，那么供电企业所提取、收集的证据将存在瑕疵，势必使违章用电、窃电的处理陷入困境。特别是用电检查是供电企业的用电检查人员具体操作的行为，而用电检查人员的法律知识、法律素养、法律运用能力都是必须关注的问题，否则容易出现违法乱纪和侵犯他人权利的情况。因此，在查处违章用电、窃电工作时必须遵守法律规定。供电企业在用电检查工作中应依法配备用电检查人员，用电检查人员应当熟悉与供用电业务有关的法律、法规、政策、技术标准和供用电管理制度。供电企业进行用电检查要严格按照《用电检查管理办法》的检查程序进行：

（1）供电企业用电检查人员实施现场检查时，用电检查人员的人数不得少于两人。

（2）执行用电检查任务前，用电检查人员应按规定填写《用电检查工作单》中规定的内容，不可缺项。

（3）用电检查人员在执行查电的任务时，应向被检查的用户出示《用电检查证》，用户应派人随同配合检查。

（4）经现场检查确认有窃电行为的，用电检查人员应开具《用电检查结果通知书》或《窃电通知书》一式两份，一份送达用户并由用户代表签字，一份存档备查。

（5）对窃电行为，用电检查人员应当场予以终止供电（特别重要的用户报领导批准后实施），制止其侵害，并按规定追补电费和加收违约电费。制止的方式很多，只要是法律没有规定为禁止的行为，都可以采用。

（6）拒绝接受处理的，应报请电力管理部门依法给予行政处罚；情节严重，违反治安管理处罚规定的，由公安机关依法予以治安处罚；构成犯罪的，由司法机关依法追究刑事责任。

三、提取、收集证据的要诀

违章用电、窃电证据的提取、收集是一项十分重要而又艰巨的任务，这关系到能否让违章用电、窃电行为人得到应有的惩罚，维护供电企业的合法权益的重大问题，应予以高度重视。供电企业用电检查人员，在查处违章用电、窃电行为中应坚持实事求是，就是要从客观实际情况出发调查、研究和分析问题，不能凭想当然，也不能主观臆断，必须深入细致地调查、研究，根据现场的情况，从现场的细节中寻求违章用电、窃电的证据。用电检查员必须具有强烈的证据意识、丰富的工作责任心，尽可能收集合法有效的违章用电、窃电证据。

1. 证据的收集和提取必须主动、及时

违章用电、窃电证据，是能够证明违章用电、窃电案件真实情况的事实。诉讼中查明的不是客观真实，而是法律真实，即用证据能够证明的客观情况。而证据是违章用电、窃电行为人遗留在现场的痕迹、印象，是以其内在属性、外部形态、空间方位等存在特征证明案件事实的物体和痕迹。现在的违章用电、窃电行为，大多都有物证可寻，如在电力线路上擅自接线用电，跨越表计窃电，使用特制的装置窃电，故意损坏法定用电计量装置窃电等，都有明显的物体和痕迹，这些物体和痕迹就是直接有效的证据。而这些痕迹和印象与时间具有密切的关系，离发案时间越近，发现和提取这些证据的可能性越大。因此，只有努力做到及时、主动，才能收集到尽可能多的证明法律真实的证据，才会使法律真实尽可能地接近客观真实。

2. 收集和提取必须客观全面

目前违章用电、窃电行为的手段和方法日趋隐蔽，并逐步向高科技化发展，给违章用电、窃电证据的收集带来较大的难度。并且客观性是证据的一个重要特征。为了保证违章用电、窃电行为查处，用电检查人员在收集证据时，必须从客观出发，尽量保证证据的客观性。在查处违章用电、窃电案件中，必须要克服先入为主和偏听偏信的心理，特别是对于群众举报的案件，一定要克服这种心理倾向和偏见，客观全面地收集和审查证据，不能只收集或认定符合自己主观需要的、构罪的和罪重的证据，而忽视甚至故意舍弃不符合自己主观需要的、不构罪的和罪轻的证据。更不能为了所谓的"工作需要"或出于其他目的而弄虚作假，制造和使用虚假证据。

全面，是指收集提取证据必须要收集、提取到一切能够反映案件真实情况的各种证据。只有将证据有机地构成完整的证据体系，才能反映案件事实的全部。证据的管理必须规范，因为在处理索赔和争议问题时，全靠证据来说明问题，所以对违章用电、窃电证据的管理、收集至关重要。要设专人进行管理，对证据要编号，一个案件一个案件分类、归档、保存，以防丢失。

3. 收集和提取必须要有计划、有目的

有计划、有目的，就是指在收集证据时要有明确的调查、取证目标、范围、方法和要求，以及所要取到的成效等。

4. 收集和提取必须深入、细致

深入、细致地收集、提取证据，就是要注意材料的各种细节，注意那些似乎微不足道的事物和其他一切可疑情况。同时，还必须查明各种证据材料的来龙去脉，透过表面现象把握事物的本质，而不为表面现象所迷惑，力求使取得的证据材料真正同案件有关，并对查明案件有某种实际的证明价值。

四、窃电查处中主要应收集的证据

窃电的查处是供电企业营销工作的一项重要内容，体现了供电企业和窃电行为人的斗智斗勇。特别是如何发现窃电行为，如何获取窃电行为的证据，如何固定证据，在发现窃电后应该采取哪些措施等，都是查处窃电工作最重要的基础性工作，这关系到查处窃电工作能不能落到实处，关系到查处窃电工作能不能达到预期的效果，关系到查处窃电工作能不能维护供电企业的合法权益，关系到查处窃电工作能不能打击窃电行为人的违法行为、切实追究其法律责任。

实践中，查处窃电收集和保全证据应当围绕窃电行为的认定和窃电处罚的依据，包括但不限于以下内容。

（一）证明窃电行为人主体的证据

证明窃电行为人主体的证据主要是指能辨明窃电行为人身份的证据，例如供用电合同（证明与用电人的主体身份）、窃电行为人的营业执照、身份证件、实际用电人（窃电行为人）与房屋租赁方之间的合同等。

（二）证明窃电行为人实施了窃电行为的证据

证明窃电行为人实施了窃电行为的证据主要是指证明窃电行为人是否实施了窃电，以及窃电采用的手段和方式等的证据。常见的有：

（1）接线的电力设施。

（2）接线点和现场勘查图（笔录）。

（3）损坏、不准或失效的用电计量装置。

（4）伪造或开启的封印。

（5）使用用电计量装置不准或失效的窃电装置、工具、材料等。

（6）在用电计量装置上遗留的窃电痕迹（拍照、摄像等方式加以固化，必要时提请鉴定）。

（7）知情人、举报人的书面材料。

（8）专业试验、专项技术鉴定结论资料。

（三）证明窃电量、窃电金额的证据

证明窃电量、窃电金额的证据主要是指证明窃电行为人窃取的电量以及相应的金额的证据。常见的有：

（1）私接设备额定容量。

（2）用电计量装置标定电流值容量（如装有限流器，则为限流器整定电流值）。

（3）证明窃电时间的材料。包括窃电行为人对窃电的时间的陈述以及举报人、知情人的证言；电能计量装置校验时间及数据；用户用电量显著异常变化的电量、电费资料；用户产品、产量、产值统计表；供电企业负荷管理系统实时监测记录的用户负荷、电量变化规律、窃电次数等资料。

（4）证明窃电量计算方式和窃电金额计算方式的材料。主要有《供用电合同》《供电营业规则》、现行有效的电价文件。

（5）其他基础辅助资料。包括各分表电量与正常损耗之和，总表抄见电量；与用户同类产品平均耗电量数据表。

相关案例 ⓘ

1. 案情简介

2006 年 3 月间，被告人迟某在被 A 市某洗浴中心聘用期间，因感觉生意不好，遂电话联系该洗浴中心的老板杨某，提出想以窃电的方式减少经营成本，被告人杨某表示同意，后被告人迟某雇用他人为洗浴中心安装了窃电装置。

2006 年 11 月 14 日上午，供电公司、市用电检查大队在检查洗浴中心时，发现有窃电行为，遂报警。后在市公安局刑侦支队的配合下，在该洗浴中心地下室发现窃电装置。经市价格认证中心估价鉴定，涉案被盗国家电能价值人民币 29 208 元。案发后，应补交的电费已全部追缴。

公诉人认为：被告人杨某、迟某以非法占有为目的，秘密窃取公共财物，数额巨大，侵犯了公共财产所有权，构成盗窃罪，应依法追究其刑事责任。

被告人杨某的辩护人认为，公诉机关指控杨某犯盗窃罪证据不足。本案被告人盗窃的事实存在，但盗窃数额无法确定，公诉机关依据电力部门的行政法规及相关地方法规的规定推定计算出盗窃数额与《刑法》对犯罪数额的认定原则相违背，犯罪数额只能根据案件本身的事实及证据来认定，不能法定。

被告人迟某的辩护人对本案定性没有异议，但提出迟某到案后认罪态度好，无前科，主观恶性不深，有积极返赃的情节，希望法院考虑上述情况予以公正处理。

2. 法院判决

法院经审理认为，被告人杨某、迟某以非法占有为目的，秘密窃取公共财物，数额巨大，二被告人的行为均构成盗窃罪。公诉机关指控的事实及罪名成立。对被告人杨某没有与被告人迟某合谋的辩解意见，法院依据庭审查明的事实，不予采纳。对其辩护人的辩护观点，法院认为盗窃罪的对象包括国家电能，即盗窃电能构成刑事犯罪的，依法也应当受到刑罚制裁；关于犯罪数额，国家电能虽属无形物，但具有经济价值，公诉机关依据被告人窃电时间、电能消耗情况及相关规定来确定犯罪数额，并无不当之处。被告人的行为具有社会危害性，应当受到刑罚处罚，故对辩护人的观点不予采纳。鉴于二被告人当庭认罪态度好，有一定的悔罪表现，可酌情从轻处罚。依照《刑法》第二百六十四条、第二十五条第一款、第七十一条、第六十九条、第七十二条、第五十三条的规定，作出判决：被告人杨某犯盗窃罪，判处有期徒刑三年，缓刑四年，并处罚金人民币 5 万元；被告人迟某犯盗窃罪，判处有期徒刑三年，缓刑四年，并处罚金人民币 5 万元。

（四）证明窃电造成供电设施损坏等其他损失的证据

《供电营业规则》第一百零四条规定："因违约用电或窃电造成供电企业的供电设施损坏的，责任者必须承担供电设施的修复费用或进行赔偿。"据此，如窃电行为人的窃电行为导致供电企业设施损坏及造成第三人损失等情况的，供电企业也应收集相应的证据。

五、本节法律风险提示

1. 用户拒绝签收违章用电、窃电处理通知怎么办？

（1）寄挂号信、特快专递、电报。收集邮政部门出具的邮寄凭证、电报收据、用户的签收回执等材料，并在寄出凭证上注明所寄材料的名称。

（2）公证送达。送达的各个环节，从催费通知的制作、寄出凭证的填写、送达过程到送达完毕，均应有公证人员的参与，并制作《公证书》。

（3）刊登公告。使用于因用户住所地变更时供电企业难以向用户送达相关资料的情况，供电企业可在用户所在地公开发行的报纸上刊登相关资料，如催费公告等。

（4）现场送达。直接送达给用户，由用户或其认可的接收人签收，同时拍摄签收、拒收文件的远近景影像。

2. 供电企业对发现窃电行为后无法及时通知到用户或者用户不配合确认时现场如何确认？

（1）报案并请负责的民警予以见证和确认。

（2）邀请无利害关系的第三方到场见证并确认，如公证部门、街道办事处或者社区工作人员、小区物业管理部门、村委会、生产队长等。

3. 查处窃电时用电检查人员私自录音是否具有法律效力？

2001年12月颁布的《最高人民法院关于民事诉讼证据的若干规定》（法释〔2001〕33号）第六十八条规定："以侵害他人合法权益或违反法律禁止性规定的方法取得

的证据，不能作为认定案件事实的依据。"第七十条第三款规定："有其他证据佐证并以合法手段取得的、无疑点的视听资料或者与视听资料核对无误的复制件，对方当事人提出异议但没有足以反驳的相反证据的，人民法院应当确认其证明效力。"据此，录音资料没有侵害他人的合法权益、没有违反法律禁止性规定，即可作为证据使用。具体而言，以下三种私自录音，有可能作为证据被采信：

（1）一方当事人偷录，对方当事人虽不同意，但无其他利害关系人在场并证实私录过程真实的，可以作为证据。

（2）被录音者虽不知道秘密录制，但结束后知悉并表示同意的，可以作为证据予以采信。

（3）录音资料经过鉴定，证实未经剪辑、拼凑、篡改和臆造，并有其他相关证据相印证的，可以认定其效力。

4. 人民法院或电力管理部门对窃电行为人判处罚金（进行处罚）与供电企业追补电费和电费违约金相冲突怎么办？

窃电行为依法可能需要承担民事法律责任、行政法律责任和刑事法律责任，从而出现财产责任方面的竞合。例如，窃电行为人需同时承担民事赔偿责任、缴纳罚款和罚金等。但如果其财产不足以同时支付时，应先承担哪一种责任呢？过去实践中，普遍存在着当违法者的财产不能同时承担民事赔偿责任和缴纳罚款、罚金时，往往是罚款和罚金优先，而民事侵权的受害人得不到赔偿的情况。例如在处理窃电实务中，电力管理部门在查实行为人窃电情况下，径直依据《电力法》第七十一条规定，追缴电费并处应交电费 5 倍以下罚款，由于窃电人的财产不足以支付罚款和民事赔偿，使得供电企业得不到应有的赔偿。

随着我国立法的逐步完善，民事赔偿责任优先的原则正逐步得到确立，如《中华人民共和国刑法》（以下简称《刑法》）第三十六条明确了民事赔偿优先于罚金的原则，在行政处罚与民事赔偿孰优先问题上，部分法律、法规也作出了规定，如《中华人民共和国食品安全法》第九十七条明确规定："违反本法规定，应当承担民事赔偿责任和缴纳罚款、罚金，其财产不足以同时支付时，先承担民事赔偿责任。"2010 年 7 月 1 日起施行的《中华人民共和国侵权责任法》（以下简称《侵权责任法》）第四条规定："侵权人因同一行为应当承担行政责任或者刑事责任的，不影响依法承担侵权责任。""因同一行为应当承担侵权责任和行政责任、刑事责任，侵权人的财产不足以支付的，先承担侵权责任。"该规定确立了私权优先的规则，体现了政府、国家不与民争利的思想，为供电企业行使电费债权、请求权提供了坚实的保障。

5. 供电企业查处窃电时，能否强行进入用户的住宅？

《中华人民共和国宪法》第三十九条规定："中华人民共和国公民的住宅不受侵犯。禁止非法搜查或非法侵入公民的住宅。"这一规定是《刑法》第二百四十五条规定的宪法渊源。"每个人的家就是自己的一座城堡"，公民住宅具有私人领地的属性，正如国外一位哲学家所说："风能进，雨能进，国王不能进。"住宅是公民居住、生活的处所，我国法律禁止非法侵入他人住宅的行为。

在查处窃电案件中不得未经住宅权利人同意、许可进入他人住宅，以及不顾权利人的反对、劝阻，强行进入他人住宅。实践中，破门而入、翻窗而入、强行闯入等方式进入他人住宅都是侵权行为。

目前，有部分供电企业与用户签订的《供用电合同》中约定，供电企业有权进入用电场所检查用电情况，这实际上是以合同的形式事前获得用户的许可，但如住宅权利人明确提出要求退出时起，供电企业用电检查人员也具有退出的义务。

非法侵入他人住宅收集的证据属于通过非法途径取得的证据，属于无效的证据。

第三章
用电检查结果处理

第一节　常见概念

● 重点提示

1. 什么是违章用电?
2. 什么是窃电?

● 基础知识

一、关于违章用电的法律知识

(一)违章用电的定义

关于违章用电,目前尚未有明确的法律定义。我国较早规定违章用电的法规是 1983 年颁布的《全国供用电规则》,当时的《全国供用电规则》将五种行为定性为违章用电行为。1995 年《电力法》颁布,但《电力法》条文中并没有出现违章用电的概念,而是规定用户用电不得危害供电、用电安全和扰乱供电、用电秩序。1996 年作为《电力法》重要的配套法规,《电力供应与使用条例》对危害供电、用电安全和扰乱供电、用电秩序的行为进行了具体的界定,明确六种行为属于危害供电、用电安全和扰乱供电、用电秩序的行为。同时,《电力供应与使用条例》还将这六种行为明确界定为违章用电。但是,这六种行为在《电力供应与使用条例》之后颁布的《供电营业规则》中则排除了违章用电概念,转而定性为违约用电。

违章用电概念出现另一个地方是《用电检查管理办法》。《用电检查管理办法》第四条第十一项规定了违章用电和窃电行为是用电检查的一项内容，但并没有规定什么行为属于违章用电行为，也没有规定违章用电行为的含义。

由此可以看出，违章用电概念在现在使用仍有其法律依据，并且，《电力供应与使用条例》第三十条列明的六种危害供电、用电安全和扰乱供电、用电秩序的行为属于违章用电行为，同时，也属于违约用电行为。

因此，有人将违章用电定义为危害供用电安全、扰乱正常供用电秩序的行为，是有法律根据的。

(二) 违章用电行为的定义

通过考察违章用电行为发现，随着国家立法的变化，违章用电行为的范围也有所不同。

1983 年的《全国供用电规则》规定了以下五种行为为违章用电行为：

（1）在电价低的供电线路上，私自接用电价高的用电设备或私自改变用电类别者。

（2）电力用户超过报装容量私自增加用电容量。

（3）擅自使用已报暂停电气设备或启用封存电气设备者。

（4）私自迁移、更动和擅自操作供电局的电度计量装置、电力定量装置、线路或其他供电设施者。

（5）未经供电局同意，自行引入备用电源者。

1996 年 4 月颁布的《电力供应与使用条例》第三十条采用列举的方式规定了用户不得有下列危害供电、用电安全，扰乱正常供电、用电秩序的行为：

"（一）擅自改变用电类别；（二）擅自超过合同约定的容量用电；（三）擅自超过计划分配的用电指标；（四）擅自使用已经在供电企业办理暂停使用手续的电力设备，或者擅自启用已经被供电企业查封的电力设备；（五）擅自迁移、更动或者擅自操作供电企业的用电计量装置、电力负荷控制装置、供电设施以及约定由供电企业调度的用户受电设备；（六）未经供电企业许可，擅自引入、供出电源或者将自备电源擅自并网。"

上述六种行为与《全国供用电规则》相比较，明确细化和丰富了许多。

而 1996 年 10 月颁布的《供电营业规则》第一百条不但将《电力供应与使用条例》第三十条规定的行为阐述为违约用电行为，具体规定为："危害供用电安全、扰乱正常供用电秩序行为，属于违约用电行为。供电企业对查获的违约用电行为应及时予以制止。"而且，在列举"危害供用电安全、扰乱正常供用电秩序的行为"中，还略有增加强化，体现在：

（1）在电价低的供电线路上，擅自接用电价高的用电设备。重新拾取了 1983 年《全国供用电规则》的规定。

（2）将"自备电源擅自并网"改为"将备用电源和其他电源私自并网"。

从理论上说，违章用电与违约用电是有区别的。"在电价低的供电线路上，擅自接用电价高的用电设备"和"将备用电源和其他电源私自并网"本质上是属于违反《电力法》第三十二条的行为，因此，均可将其称为违章用电行为。但是，在适用《电力供应与使用规则》第四十条时，应当有所区分。因"在电价低的供电线路上，擅自接用电价高的用电设备"和"将备用电源和其他电源私自并网"违章用电行为，供电企业必须采取停电措施，并应严格依据《供电营业规则》第六十六条、第七十条规定进行。

综上所述，违章用电行为的范围包括以下六种情况：

（1）在电价低的供电线路上，擅自接用电价高的用电设备或者擅自改变用电类别。

（2）擅自超过合同约定的容量用电。

（3）擅自超过计划分配的用电指标。

（4）擅自使用已经在供电企业办理暂停使用手续的电力设备，或者擅自启用已经被供电企业查封的电力设备。

（5）擅自迁移、更动或者擅自操作供电企业的用电计量装置、电力负荷控制装置、供电设施以及约定由供电企业调度的用户受电设备。

（6）未经供电企业许可，擅自引入、供出电源或者将备用电源和其他电源私自并网。

（三）违章用电与违约用电的区别

违章用电与违约用电不是等同概念，但它们性质上有所交叉。违章用电主要是指违反国家电力法律、法规，危害供用电安全，扰乱正常供用电秩序的行为。而违约用电是指用户违反供用电合同约定的用电行为。根据合同法规定，供用电合同的主要内容包括供电的方式、质量、时间，用电的容量、地址、性质，计量方式，电价、电费的结算方式，供用电设施的维护责任等条款。违约用电只是违约行为的一个方面。

　　违章用电与违约用电的共同之处在于从供用电关系视角来看违章用电实质属于违约行为，属于违约用电的一部分。但违章用电不等于违约用电，他们的区别如下：

　　（1）违章用电和违约用电的客观行为不同。违章用电的行为是法律的直接规定的六种行为，而违约用电是指电力用户实施违反供用电合同约定用电的用电行为，其行为范围比违章用电更为广泛、更为多样。

　　（2）违章用电与违约用电的构成要件不同。违章用电的构成要件是主观上必须存在故意，客观上必须实施了违法用电的行为，违章用电的主体必须具有法定的法律责任能力，违章用电的责任必须有法律的明确规定。违约用电的构成要件是违约用电的电力用户存在违反供用电合同约定的行为，该行为没有免责事由。只要符合违约用电两个构成要件就构成违约用电，违约用电是一种客观上的行为，衡量的标准就是客观上是否与合同约定相一致，而无需考虑当事人主观上的心理状态。

　　（3）违章用电和违约用电的危害后果不同。违章用电行为可能造成以下严重后果：①损害供电企业电费收入；②造成用电秩序混乱，影响对其他用户的正常供电；③引发电网停电事故，影响供电的公共安全；④侵害他人权利，引起侵权法律责任；⑤引发人身触电伤亡或供电设备烧坏。而违约用电的行为造成的后果没有违章用电的后果严重。

　　（4）违章用电和违约用电承担的责任不同。违章用电的行为是直接违反法律、法规规定的行为，可以并行承担行政责任和民事责任；而违约用电只是违反供用电合同的行为，承担的只是民事责任。行政责任是强制责任，由电力管理部门进行处罚，具有行政强制性；而民事责任只是由供电企业主张，具有一定的任意性和补偿性。违约用电的责任主要以补偿守约方的损失为主要目的，故具有补偿性质；违约用电的责任可以由当事人在法律规定的范围内约定，具有一定的任意性。

（5）违章用电和违约用电的救济途径不同。如果电力用户存在违章用电，供电企业可以通过向电力管理部门举报，要求对违章用电的用户进行行政处罚，还可以通过诉讼仲裁维护自己的合法权益；而违约用电，供电企业只能通过诉讼仲裁维护自己的合法权益。

区分违章用电和违约用电有一定的实践意义，它有利于用电检查人员在实践中工作的开展，有利于供电企业通过正当、合法途径保护自身的合法权益；区分违章用电和违约用电，可以使电力管理部门和供电企业明晰自己的法律权利和义务，有利于电力权利主体的行为；区分违章用电和违约用电，可以构建更完善的电力管理法律体系，加重违章用电者的法律责任，形成多层次、多元化的法律责任体系，减轻严重危害供用电安全行为对电力设施安全的影响，有利于使违法者和违约者明确自己的法律责任，充分发挥电力法律法规的指引作用，保护供用电安全。

（四）违章用电的法律特征

违章用电是一种违反行政法律规定的行为，其特征为：

（1）用电人存在行政法规规定的禁止性行为。行为人存在违反行政法律的行为是构成行政法律责任的必备前提条件，行政法律责任是违反行政法规行为所应承担的后果。因此用电人必须存在《电力供应与使用条例》规定的六种违章用电行为。

（2）用电人具有法定的责任能力。行为人具有法定的责任能力是构成行政法律责任的又一个重要条件。如果行为人不具有法定的责任能力，即使其行为违反了行政法规规范，也不能被追究或承担行政法律责任。在认定行为人是否具有法定责任能力时，对不同对象有着不同的要求。对行政相对人中的公民来讲，认定其具有责任能力，则必须要求其达到法定的责任年龄、有正常的智力甚至生理状态，否则，即使其有违反行政法规的行为也不得追究其行政法律责任。承担行政责任的年龄目前我国尚无统一的法律规定，但除法律另有规定外，一般是16周岁以上。这与民事责任年龄、刑事责任年龄相比是比较合适的。对行政相对人中的企业来讲，只要是依法登记注册的企业就具有承担责任的能力，因为法人的行为能力和权利能力是同时产生的。违章用电是一种行政违法行为，就要求用电人必须具有法定的责任能力。

二、关于窃电的法律知识

（一）窃电

电能是一种特殊的商品，其生产、传输和消费同时完成，在物理上具有无形性特征。为免电能在流通环节上造成无谓的损失，电能的计数必须通过具有一定技术特征、能够反映使用电能数量的计量装置。计量装置是电贸易结算的重要设备。因此，窃电行为有别于传统盗窃的行为。

窃电行为主要通过改变计量装置显示的计量数额进行，因为电能的无形性特征，使计量装置的计量数额成为进行电费结算的唯一方式，并且在计量箱内具有隐蔽性，不容易发现。电能表计量电量是由电压、电流、功率因数三要素和时间共同决定，只要改变三要素中的任何一个，都可以使电能表慢转、停转，实现窃电的目的。当前，基于电能为基础能源商品的特殊性，出于对经济利益的追求，窃电行为一直存在，甚至越演越烈。

那么，什么是窃电呢？实践中，有窃取电费和窃取电能之争。

有人认为，窃电是以非法占有电费为目的，理由如下：①窃电人的目的显然是不交或者少交电费，而非占有电能，因为电能的无形性特征导致电能无法实现物权法上一般意义的占有，窃电人窃电无非是看重电力的价值，特别是其交换价值，即电费。②供用电合同约定的产权分界点有时在计量装置之前，也就是说最常见的是电能已经越过产权分界点，交付给电力用户，电力用户已经可以合法控制电能了，而其尚未达到计量装置。如果窃电是以非法占有电能为目的，在逻辑上无法解释。因为根据该种说法，电能已经为电力用户合法占有，而经过计量装置因其少计就成为非法占有，不符合法律的逻辑。因此，窃电不是以非法占有电能为目的，而是以非法占有电费为目的。

还有人认为，采用多计量等秘密手段出售电能的行为也属于窃电行为。

本书认为，对于窃电的认识必须严格依据现行的《电力供应与使用条例》《供电营业规则》等法律、法规进行分析。在我国的《电力供应与使用条例》《供电营业规则》等法律、法规中，是严格区分窃电行为和违章用电行为的，那种认为窃电是以非法占有电费为目的，实质是未能区分违章用电与窃电行为的区别。如在电价低的线路上擅自接用电价高的设备，其目的也是为了达到少交电费的目的，但这种行为显然不是窃电行为，而属于违章用电。同样的，采用多计量等秘密手段出售电能的行为，本质上也是以窃取电费为理论基础，定性为窃电是不恰当的。其实，窃取电费的说法是不科学的，采用一定的手段使交易相对方多支付或少收取电费的行为，已经脱离了盗窃的范畴，更似诈骗行为。

因此，窃电行为窃取的不是电费而是电能。如果行为人实施的行为不是窃取电能，而是窃取电费或者采取其他形式达到不交或者少交或者多收电费的目的，该行为就不是窃电行为，而是属于其他性质的违法行为。

根据以上分析，窃电，是指以非法占有电能为目的，采取隐蔽的或者其他手段实施的，不经计量或者引起电能计量装置不计或少计用电量的行为。目前，我国各省、直辖市制定的反窃电办法多持窃取电能观点。

(二) 窃电行为

根据《电力供应与使用条例》规定，窃电行为包括：

(1) 在供电企业的供电设施上，擅自接线用电。擅自在供电设施上接线用电，是指未经供电企业合法准许，将用电设备搭接在属于供电企业供电设施上用电的行为。供电设施是供电企业进行电能供应的载体，由于电能的特殊属性，窃电人未经供电企业许可，在供电企业的供电设施擅自接线就可以在供电企业或者其他用户不知情的情况下使用电能，因此属于窃电行为。这里应当注意的是，在用户的用电设施上擅自接线用电的，不属于《电力供应与使用条例》规定的窃电行为，供电企业不能依据《供电营业规则》第一百零二条规定处理，但可以提请电力管理部门依照《电力供应与使用条例》第四十一条和《供用电监督管理办法》进行处理。

（2）绕越供电企业的用电计量装置用电。绕越用电计量装置用电，是指为了躲避用电计量装置计量，在不经过用电计量装置计量的情况下，直接将用电设施与输电线路搭接用电，使用电计量装置不计量的行为。由于电能的无形性特征，供电企业计量装置的计量数额成为进行电费结算的唯一方式，是供用电双方进行电能交易的桥梁，是实现供用电双方公平交易的基础。而用电人绕过供电企业的计量装置用电的行为，导致供电企业无法对用电人的用电量进行计算，实质上就是使用非法手段无需支付电费用电，侵犯了供电企业对其电能的合法财产权益，依法属于窃电行为。这里应当注意的是，少部分地区用电计量装置存在由用户出资、产权属于用户的情况，绕越此类用电计量装置用电也应当视为绕越供电企业的用电计量装置用电的窃电行为。

（3）伪造或者擅自开启法定的或者授权的计量检定机构加封的用电计量装置封印用电。伪造用电计量装置封印用电，是指伪造由法定的或授权的计量检定机构、供电企业用专用封印钳加封的用电计量装置封印用电的行为。擅自开启计量检定机构或者经授权的供电企业加封的用电计量装置封印用电，是指未经合法准许私自开启或者损坏由法定或者授权计量检定机构、供电企业用专用封印钳加封的用电计量装置封印用电的行为。

在用电计量装置上加封印的主要目的是保证电能计量装置的工作质量。根据电力法及相关法律规定，电力用户安装的用电计量装置必须经过法定的或者授权的计量检定机构依法检定认可加封后方可使用。法定的计量检定机构是指依法设立的计量检定机构和县级以上质量技术监督部门依法授权的计量检定、校准的机构。用电计量装置经过法定计量机构认可加封后，不得擅自开启，否则将无法保证用电计量装置的准确性及工作质量，影响正常的供用电秩序。

伪造或者擅自开启法定的或者授权的计量检定机构加封的计量装置的行为，并不一定意味着用电人必然进行了窃电行为，并实际窃取了电能。而国家通过国务院行政法规的形式，明确将该行为规定为窃电，是因为从查处窃电的实践来看，伪造或者擅自开启法定的用电计量装置封印用电的行为，多存在着窃电行为；从社会常识来讲，任何人如果不是出于窃电的动机是不会实施伪造或者擅自开启法定的用电计量装置封印用电的行为。并且，电力计量装置是由供电企业安装的，电力用户一般不用接触，如果电力用户不是出于窃电的目的伪造或者擅自开启法定的用电计量装置封印用电，计量装置应该是完好的。从窃电的实际情况和避免在处理该种行为时存在的争议，立法机关直接将该种行为规定为窃电有利于窃电的查处，保护供用电的安全。这里应当注意的是，《电力供应与使用条例》与

《供电营业规则》规定略有不同，《供电营业规则》将"法定的或者授权的计量检定机构加封"直接解读为"供电企业加封"。

（4）故意损坏供电企业用电计量装置。损坏用电计量装置用电，是指直接损坏计量装置，使法定的或授权的计量检定机构认可的用电计量装置失去计量作用或者准确程度的行为。供电企业计量装置的计量数额是进行电费结算的唯一方式。电力用户将计量装置损坏，使其不计量或者少计量，甚至使以前计量的数据无法查实，显然是通过损坏计量装置的行为，达到少交电费的目的，符合窃电行为的特征，依法应认定为窃电行为。

（5）故意使供电企业的用电计量装置计量不准或者失效。使供电企业的用电计量装置不准或者失效，是指虽然没有直接损坏用电计量装置，但采取其他技术手段干扰法定的或者授权的计量检定机构认可的用电计量装置，使其失去计量作用或准确度的行为。

故意使供电企业的用电计量装置计量不准或者失效，同样是使用电计量装置计量的数据无法查实，达到少交电费的目的，根据《电力供应与使用条例》的规定，属于窃电行为。

（6）采用其他方法窃电。本条是一个兜底性条款，在实践中，窃电行为五花八门、手法各异，并且随着技术的进步和经济的发展，不断出现新的窃电方式和窃电手段，因此做出这样的兜底性规定有利于查处窃电行为。

（三）窃电的法律特征

窃电有四个方面的法律特征：

（1）窃电人主观上出于故意，并且具有非法占有电能的目的。故意是指行为人明知自己的行为会发生危害社会的后果，并且希望或者放任该结果发生的心理状态。窃电同样要出于主观上的故意，窃电人必须意识到自己的行为侵犯供电企业的合法财产权。如果行为人不是故意，而是出于不知道的原因导致用电行为符合窃电的构成要件，也不能认为构成窃电。窃电还必须具有非法占有的目的，该非法占有，不仅包括自己占有，也包括第三人或者集体占有。窃电案件和普通的盗窃案件相比，其特殊性在于电是无形的物质，其价值必须通过使用来体现，行为人对电能的占有、使用和处分是同时进行的，不能有效地区分各阶段。

这里应当注意的是，伪造或者擅自开启法定的或者授权的计量检定机构加封的计量装置用电的行为，并不一定意味着用电人必然具有窃电的故意，必然进行了窃电行为，并实际窃取了电能，但是，法律将其拟制为窃电行为，应当视之为具有出于故意，并且具有非法占有电能的目的。

（2）窃电在客观上表现为采用隐蔽的或者其他手段窃取电能的行为。隐蔽的方式，是指行为人采取不易或者自认为不会被供电企业用电检查人员及时发现的手段或者方法使法定的计量装置不计量或者少计量，或者使计量数额无法查知的用电行为。行为人采取的方法或者手段可能是秘密，也可能是擅自接线等相对公开、容易被发现的办法。这里的"隐蔽的方式"是指通过正常的计量和抄表程序无法反映出来，并不是窃电装置的安装位置是秘密的。

但是不论是何种行为，只要行为人采取的方式是使供电企业通过正常的计量装置不计量、少计量或者计量数额无法查知的用电行为，就属于窃电行为。

（3）窃电行为在结果上造成的不计或者少计用电量的后果，侵犯了供电企业的电能所有权。窃电行为的盗窃对象是电能。电能是无形物，缺少有形财产的认定特征，电能的认定只能通过专门的计量装置进行测定，而且电能也不能像一般有形财产一样可以存储，确认盗窃可以采用实物验证，而窃电行为不能以实物验证，计量装置是确认用电人所用电量的唯一依据，因此，确认窃电只能通过判断是否不经计量或者导致计量装置不计或少计用电量来判断。

（4）窃电的主体既可以是自然人也可以是法人或者其他组织，但是构成窃电犯罪的主体只能是具有行为能力并且具有刑事责任能力的自然人。

《电力法》第七十一条规定："盗窃电能的，由电力管理部门责令停止违法行为，追缴电费并处应交电费五倍以下的罚款；构成犯罪的，依照刑法第一百五十一条或者第一百五十二条的规定追究刑事责任。"《电力供应与使用条例》第四十一条规定："违反本条例第三十一条规定，盗窃电能的，由电力管理部门责令停止违法行为，追缴电费并处应交电费5倍以下的罚款；构成犯罪的，依法追究刑事责任。"从以上法律、法规的规定可以看出，其并未区分用电主体进行处罚，因此可以解释为任何用电主体都可以成为窃电行为的实施主体，当然也可以成为行政处罚的对象。

但是，《刑法》规定："公司、企业、事业单位、机关、团体实施的危害社会的行为，法律规定为单位犯罪的，应当负刑事责任。"而《刑法》并未规定盗窃罪可以构成单位犯罪，因此只有自然人实施的窃电行为才能构成犯罪，并施以刑事处罚，单位不能成为刑法惩罚的对象。

三、本节法律风险防范提示

1. 用户将自己的企业或房屋承包、租赁出去的，窃电主体应当如何确定？

这里有"自窃自用""自窃他用""他窃自用"三种情况。"自窃自用"是指承包方、承租人自己实施窃电行为供自己使用；"自窃他用"是指承包方、承租人自己实施窃电行为供他人使用；"他窃自用"是指用户实施窃电行为供承包方、承租人使用。无论是何种情况，窃电主体主要是指实施窃电的行为人，也就是谁"窃"的电，谁就是窃电者。但是，在追究责任时，责任主体有所区别。

（1）是依据供用电合同追究违约责任。根据合同相对性的原则，用户（发包方、出租人）与供电企业存有供用电合同关系，而企业或房屋的承租方、承包方与供电企业之间不存在供用电合同关系，因此，供电企业不能依据供用电合同追究承租方、承包方的违约责任，则只能追究用户的违约责任。

（2）是依据侵权法追究侵权责任。基于用户与供电企业存有供用电合同关系，发生窃电行为，供电企业可以追究违约责任亦可追究侵权责任，存在侵权与违约的竞合，在此情形下，由供电企业自行选择采用哪种方式维权。但在追究侵权责任场合，由于存在共同侵权的情况，在用户与承包方、承租方具有教唆行为、帮助行为等要素时，可以追究用户与承包方、承租方承担共同侵权责任。

（3）依据行政处罚法和刑法追究行政责任和刑事责任。这种情形下，实施窃电行为的人是直接责任方，应当受到法律的制裁，如存在共同犯罪的情况，则由刑法盗窃罪认定责任主体。

2. 单位盗窃电能的，如何追究刑事责任？

单位犯罪构成，除必须具备事实特征以外，还必须具备法律特征，即只有在法律规定为单位犯罪的情况下，才能以单位犯罪论处。盗窃罪不在刑法分则规定单位犯罪罪名中，那么，如果法人和其他组织实施了窃电行为，该如何处罚呢？在 1996 年 1 月 23 日颁布的《最高人民检察院关于单位盗窃行为如何处理问题的批复》（高检发研字〔1996〕1 号）中规定：单位组织实施盗窃，获取财物归单位所有，数额巨大、影响恶劣的，应对其直接负责的主管人员和其他主要的直接责任人员按盗窃罪依法批捕、起诉。《最高人民法院、最高人民检察院关于办理盗窃刑事案件适用法律若干问题的解释》（法释〔2013〕8 号）第十三条规定："单位组织、指使盗窃，符合刑法第二百六十四条及本解释有关规定的，以盗窃罪追究组织者、指使者、直接实施者的刑事责任。"这两个司法解释，既摈弃了那种认为法律没有规定单位犯罪就不能追究单位成员刑事责任的观点，又采用例外的方式实施单罚制，从而巧妙避开了对单位盗窃的认定，被司法实践广泛适用。

3. 当前关于窃电的法律、法规较多，如何认识和理清与窃电相关的法规？

根据《中华人民共和国立法法》（以下简称《立法法》）

的规定，我国法律的效力层次区分为四个层次：最高层次即宪法具有最高法律效力；第一层次，即法律；第二层次，即行政法规；第三层次，即地方性法规、自治条例和单行条例、规章。与窃电有关的法规众多，效力层次和紧密性各不相同，这里仅作简单粗劣的归纳。

法律：是指全国人民代表大会及其常务委员会制定的法律。它又区分为两个层次：一是全国人民代表大会制定的基本法律；二是全国人民代表大会常务委员会制定的基本法律以外的其他法律。

基本法律包括《民法通则》《中华人民共和国合同法》（以下简称《合同法》）、《刑法》《中华人民共和国行政处罚法》《刑事诉讼法》《行政诉讼法》《民事诉讼法》等；其他法律包括《电力法》（属特别法）、《侵权责任法》等。

行政法规：是指国务院根据宪法和法律制定的行政法规。主要有《电力供应与使用条例》（属特别法）、《中华人民共和国治安管理处罚条例》（以下简称《治安管理处罚条例》）等。

地方性法规：是指省、自治区、直辖市的人民代表大会及其常务委员会根据本行政区域的具体情况和实际需要，在不与宪法、法律、行政法规相抵触的前提下，制定的地方性法规；以及较大的市的人民代表大会及其常务委员会根据本市的具体情况和实际需要，在不与宪法、法律、行政法规和本省、自治区的地方性法规相抵触的前提下，制定的地方性法规。前者如《贵州省反窃电条例》《江西省反窃电办法》等；后者如《福州市预防和查处窃电行为条例》。

　　自治条例和单行条例：民族自治地方的人民代表大会有权依照当地民族的政治、经济和文化的特点，制定自治条例和单行条例。例如《宁夏回族自治区反窃电办法》。

　　规章：是指国务院各部、委员会、中国人民银行、审计署和具有行政管理职能的直属机构，可以根据法律和国务院的行政法规、决定、命令，在本部门的权限范围内，制定的规章；以及省、自治区、直辖市和较大的市的人民政府，可以根据法律、行政法规和本省、自治区、直辖市的地方性法规，制定的规章。前者如《供电营业规则》《用电检查管理办法》《供用电监督管理办法》等。后者如《深圳市保护电力设施和打击窃电行为暂行办法》《广州市供电与用电管理规定》等。

　　上述法律在适用时应当注意把握三项原则：

　　（1）上位法优于下位法。具体来说，法律的效力高于行政法规、地方性法规、规章；行政法规的效力高于地方性法规、规章；地方性法规的效力高于本级和下级地方政府规章；省、自治区的人民政府制定的规章的效力高于本行政区域内的较大的市的人民政府制定的规章；自治条例和单行条例依法对法律、行政法规、地方性法规作变通规定的，在本自治地方适用自治条例和单行条例的规定；经济特区法规根据授权对法律、行政法规、地方性法规作变通规定的，在本经济特区适用经济特区法规的规定。部门规章之间、部门规章与地方政府规章之间具有同等效力，在各自的权限范围内施行。

　　（2）特别法优先于普通法。具体来说，同一机关制定的法律、行政法规、地方性法规、自治条例和单行条例、规章，特别规定与一般规定不一致的，适用特别规定；新的规定与旧的规定不一致的，适用新的规定。

（3）法不溯及既往原则。法律、行政法规、地方性法规、自治条例和单行条例、规章不溯及既往，但为了更好地保护公民、法人和其他组织的权利和利益而作的特别规定除外。

除上述法律、法规外，实践中还应当注意司法解释和规范性文件。

司法解释：是指最高人民法院、最高人民检察院制定的具有普遍效力的法律适用方面的文件，是审判机关、检察机关统一适用的执法办案依据，具有法律效力。由于这些司法解释直接应用于指导人民法院、人民检察院的司法实践工作，因此具有相当的重要性，如《最高人民法院、最高人民检察院关于办理盗窃刑事案件适用法律若干问题的解释》（法释〔2013〕8号）。

规范性文件：各级机关、团体、组织制发的各类文件中最主要的一类，因其内容具有约束和规范人们行为的性质，故称为规范性文件。实践中，应当注意了解和运用电力部门与检察院、法院、公安部门等单独或以联合下文形式，对查处窃电有关问题的规定。这些文件对于指导和推动该行政区域内的具体工作，能起到积极的作用，例如1999年1月6日颁布的《广东省人民检察院、广东省高级人民法院、广东省公安厅、广东省电力工业局关于办理窃电案件的意见》（粤检字〔1999〕第1号）。

第二节 结果处理

重点提示

1. 如何把握违章用电停电条件和程序？
2. 如何追究窃电的民事、行政和刑事责任？

【基础知识】

一、违章用电应承担的法律责任

（一）违章用电应承担的违约责任

根据《电力供应与使用条例》第四十条和《供电营业规则》第一百条规定，有下列违约用电行为者，应承担其相应的违约责任，情节严重的，可以按照国家规定的程序停止供电：

（1）在电价低的供电线路上，擅自接用电价高的用电设备或私自改变用电类别的，应按实际使用日期补交其差额电费，并承担两倍差额电费的违约使用电费。使用起讫日期难以确定的，实际使用时间按三个月计算。

（2）私自超过合同约定的容量用电的，除应拆除私增容设备外，属于两部制电价的用户，应补交私增设备容量使用月数的基本电费，并承担三倍私增容量基本电费的违约使用电费；其他用户应承担私增容量每千瓦（千伏安）50 元的违约使用电费。如用户要求继续使用者，按新装增容办理手续。

（3）擅自超过计划分配的用电指标的，应承担高峰超用电力每次每千瓦 1 元和超用电量与现行电价电费五倍的违约使用电费。

（4）擅自使用已在供电企业办理暂停手续的电力设备或启用供电企业封存的电力设备的，应停用违约使用的设备。属于两部制电价的用户，应补交擅自使用或启用封存设备容量和使用月数的基本电费，并承担两倍补交基本电费的违约使用电费；其他用户应承担擅自使用或启用封存设备容量每次每千瓦（千伏安）30元的违约使用电费。启用属于私增容被封存的设备的，违约使用者还应承担本条第二项规定的违约责任。

（5）私自迁移、更动和擅自操作供电企业的用电计量装置、电力负荷管理装置、供电设施以及约定由供电企业调度的用户受电设备者，属于居民用户的，应承担每次500元的违约使用电费；属于其他用户的，应承担每次5000元的违约使用电费。

（6）未经供电企业同意，擅自引入（供出）电源或将备用电源和其他电源私自并网的，除当即拆除接线外，应承担其引入（供出）或并网电源容量每千瓦（千伏安）500元的违约使用电费。

（二）违章用电应承担的行政责任

根据《电力法》第六十五条规定，危害供电、用电安全或者扰乱供电、用电秩序的违章用电行为，由电力管理部门责令改正，给予警告；情节严重或者拒绝改正的，可以中止供电，并处五万元以下的罚款。这里的可以中止供电的性质与供电企业依照《电力供应与使用条例》和《供电营业规则》的规定，对违章用电行为实施中止供电的性质不一样。前者属行政处罚行为，是电力管理部门行使行政处罚权的表现；后者属于民事行为，是供电企业行使民事权利的表现。

二、违章用电停电条件和程序

（一）违章用电停电的前置条件

根据《电力供应与使用条例》第四十条和《供电营业规则》第六十六条规定，构成供电企业可以实施停电的前提须具备以下条件之一：

（1）对危害供用电安全、扰乱供用电秩序，拒绝检查者。

（2）拒不在限期内拆除私增用电容量者。

（3）拒不在限期内交付违约用电引起的费用者。

（4）私自向外转供电力者。

（5）违反安全用电、计划用电有关规定，拒不改正者。

（6）其他具有"情节严重"情况的。

（二）违章用电停电的程序

因违章用电供电企业需对用户停止供电时，应按下列程序办理停电手续：

（1）应将停电的用户、原因、时间报本单位负责人批准。批准权限和程序由省电网经营企业制定。

（2）在停电前三至七天内，将停电通知书送达用户，对重要用户的停电，应将停电通知书报送同级电力管理部门。

（3）在停电前 30 分钟，将停电时间再通知用户一次，方可在通知规定时间实施停电。

三、窃电应承担的法律责任

窃电行为窃取的是电能，直接侵害了供电企业对其所有的电能的合法权益，窃电行为人的窃电行为被依法确认后，其依法应当承担相应的法律责任。

(一) 窃电行为在民事法律关系上的性质

(1) 窃电行为是一种违约行为。违约行为是指合同当事人违反合同义务的行为。《合同法》第一百七十六条规定："供用电合同是供电人向用电人供电，用电人支付电费的合同。"在供用电双方构成供用电合同关系及用电人窃电的情况下，用电人实际上占有并使用了电能，却没有履行支付电费的合同义务，违反了合同法的规定，符合违约的构成要件，属于违约行为。

(2) 窃电行为是一种侵权行为。侵权行为是指民事主体违反民事义务，侵害他人合法权益，依法应当承担民事责任的行为。窃电行为符合侵权行为的构成要件：①窃电行为具有违法性，窃电是《电力法》《电力供应与使用条例》明确规定的禁止性行为。②窃电行为具有明显的损害事实存在，窃电行为人的窃电行为直接占有了供电企业的电能，侵害了供电企业的合法权益。③窃电行为与供电企业的损失存在直接的因果关系，窃电行为人的窃电行为直接造成供电企业的损失。④窃电行为人主观上存在过错。过错根据其类型分为故意与过失。故意，是指行为人预见到自己的行为可能产生的损害结果，仍希望其发生或放任其发生。过失，是指行为人对其行为结果应预见或能够预见而因疏忽未预见，或虽已预见，但因过于自信，以为其不会发生，以致造成损害后果。窃电行为人的窃电行为都是积极采用一定的措施占有供电企业的电能，窃电行为人主观上出于故意。在国务院法制办公室秘书行政司对安徽省政府法制办《对〈关于查处窃电行为有关问题的请示〉

的答复》中明确指出："目前，尚未实行政企分开的省级以下供电局具有电力行政管理和供电企业的双重身份。供电局作为供电企业，对于窃电行为可以民事主体的身份要求侵权人停止侵害或者请求损害赔偿，并可采取中止供电等必要措施制止侵权行为。"这里需要注意的是，如果窃电行为人是在未与供电企业建立供用电合同关系的情况下窃电，则属于侵权行为；如果窃电行为人与供电企业建立了供用电合同关系，则构成侵权责任和违约责任的竞合，供电企业可以选择适用侵权责任或者违约责任。

（二）窃电行为应当承担的民事责任

1. 窃电行为应承担的违约责任

从《供电营业规则》可以看出，窃电行为人应当承担的民事责任主要有补交电费和违约使用电费，供电企业中止供电和赔偿供电企业损失等。

（1）补交电费。是指窃电行为人按所窃电量乘以相应的电价所得的数额向供电企业补交费用。补交电费主要在于弥补供电企业的损失。这里的"相应的电价"不是指窃电发现时的现行电价，而是指窃电期间当地执行的电价。对此，不少省、自治区、直辖市作了明确的规定。

（2）违约使用电费。是指用电人因实施窃电行为而根据合同或者国家有关规定向供电企业支付一定数量的金钱。《供电营业规则》规定，窃电行为人须向供电企业支付三倍的违约使用电费。实践中，关于三倍的违约使用电费往往存在争议。《供电营业规则》是在 1996 年颁布执行的，当时是在电力体制政企尚未分开背景下出台的，带有很强的行政管理色彩，合同自由的精神体现不够。在《合同法》颁布实施后，只确认了约定违约金，而没有规定法定违约金，因此有人主张《供电营业规则》规定的法定违约金应属无效。鉴于此，应当加强《供用电合同》的签订工作，将《供电营业规则》的规定内化为合同约定。

（3）中止供电。是指在供用电合同履行过程中，由于出现法律法规及合同约定的条件，供电企业暂时停止对用电客户供电，待原因消除后，再恢复供电的一种法律行为。根据《供电营业规则》规定，在确认用户存在窃电行为的前提下，供电企业可以当场中止供电，无需履行一般的审批及通知程序。该规定是对供电企业针对窃电行为行使中止供电权的一项重要授权，明确规定了供电企业可以无条件的中止供电权。中止供电是供电企业处理窃电行为最直接最有效的手段，也是供电企业在紧急情况下进行自我救助的体现。

但是，在确认用户窃电的前提下，供电企业是否拥有绝对的中止供电权呢？应当根据当时当地的法规规定进行判断。尽管《供电营业规则》《用电检查管理办法》在全国具有普遍约束力，但其性质为部门规章，其效力层次与各省、自治区、直辖市制定的地方性法规是一致的，不存在谁取代谁的问题。鉴于此，不少省、自治区、直辖市地方性法规对供电企业的当场中止供电权作了限制，供电企业应当审慎把握执行。例如《湖北省预防和查处窃电行为条例》第十四条规定："电力企业为制止窃电行为，根据法律规定中断供电的，应当符合下列条件：（一）事先通知当事人；（二）采取了防范设备重大损失、人身伤害的措施；（三）不影响社会公共利益或者危害社会公共安全；（四）不影响当事人以外的其他用户的正常用电。"此外，不少省、自治区、直辖市地方性法规还赋予了用户对供电企业中止供电的异议权，明确其可以向电力管理部门投诉。

相关案例 1

1. 案情简介

1997年5月，某娱乐厅向某公司购买了位于某路的商业用房。原告为在该处用电，于1997年6月5日与供电局建立了供用电合同关系，申请用电总容量4kW。嗣后，娱乐厅向供电局缴纳电费，供电局向娱乐厅正常供电。因娱乐厅在商业用房内经营娱乐业务而对原供电设施进行改装。

1999年3月，因娱乐厅窃电，娱乐厅向供电局补交电费3222.72元、违约金9668.16元，并由供电局对娱乐厅的电能表及封印进行了调换。

2000年4月21日，供电局对娱乐厅处的用电情况进行检查，认为娱乐厅有窃电行为，并当场中止向娱乐厅供电，同时向娱乐厅发出书面通知，通知娱乐厅于同月24～25日到供电局处接受处理。供电局又于同年4月24日对娱乐厅处的用电进行复查。同年4月27日供电局将娱乐厅的两只电能表拆走。娱乐厅用电的熔丝由初装时的10A，变成目前的60A。至今娱乐厅未就该纠纷向第一被告补交或者加交电费。娱乐厅认为，在权威部门对是否窃电作出结论以前，供电局无权停电，遂诉诸法院请求判令供电局立即恢复供电，赔偿经济损失 30 000 元，支付平均月用电量电费 5 倍的赔偿金 370 元。

经查明，娱乐厅在履行供用电合同过程中存在以下行为：①娱乐厅处的用电装置现已改动，即用电计量装置封印开启用电。娱乐厅对于现在的计量装置的改动没有证据证明是由供电局所为，而现在娱乐厅正在使用的计量装置确已与初装的计量装置不一样。②2000 年 4 月 21 日供电局在娱乐厅现场检查用电时，在娱乐厅处用电的计量装置不转的情况下，娱乐厅的用电器仍正常用电。

2. 法院判决

人民法院经审理认为：自 1997 年 6 月娱乐厅与供电局建立供用电合同关系后，双方均应按合同的约定和法律、法规的规定履行各自的义务。由于娱乐厅有违反供用电合同中约定或法律、法规规定的行为，故供电局有权中止履行供用电合同。

(1) 当事人应当按照约定全面履行自己的义务，即当事人应当遵循诚实信用原则，根据合同的性质、目的和交易习惯履行各自的义务。本案为供用电合同纠纷性质，供用电合同与一般的民事合同相比有其特殊性，即合同的内容和合同的履行均有法律、法规、行业规章的具体约束。国务院于 1996 年 9 月 1 日施行的《电力供应与使用条例》第三十一条规定："禁止窃电行为。窃电行为包括：（一）在供电企业的供电设施上，擅自接线用电；（二）绕越供电企业的用电计量装置用电；（三）伪造或者开启法定的或者授权的计量检定机构加封的用电计量装置封印用电；（四）故意损坏供电企业用电计量装置；（五）故意使供电企业的用电计量装置计量不准或者失效；（六）采用其他方法窃电。"电力部于 1999 年 9 月 1 日施行的《用电检查管理办法》第二十一条规定："现场检查确认有窃电行为的，用电检查人员应当场予以中止供电，制止其侵害，并按规定追补电费和加收电费。……"

（2）供电局因娱乐厅违反国务院《电力供应与使用条例》中的第三十一条第（三）、（五）款的规定，依据电力部《用电检查管理办法》中的第二十一条的规定对娱乐厅实施停电行为。即供电局对娱乐厅实施停电，是由于娱乐厅违反供用电合同。供电局依据有关行政法规、政府部门规章的规定对娱乐厅实施停电行为，符合供用电合同的特殊规定。

（3）娱乐厅未在供电局通知的期限或合理的期限内按规定追交电费和加交电费，恢复供电的条件未成就。娱乐厅要求恢复供电的请求，难以支持。

综上，人民法院依照《合同法》第一百八十三条的规定，判决如下：驳回原告某娱乐厅要求被告某供电局恢复供电、赔偿经济损失的诉讼请求。案件受理费 1260 元，由原告某娱乐厅负担。

（4）赔偿损失。在窃电造成供电企业损失的情况下，赔偿损失的范围包括供电设施损害费，如电能表修复费、线路修复费等，第三人人身、财产的损害赔偿。

2. 窃电行为应承担的侵权责任

根据我国《民法通则》规定，侵权责任的承担方式包括停止侵害、排除妨碍、消除危险、返还财产、恢复原状、赔偿损失、消除影响、恢复名誉、赔礼道歉等。窃电行为具有特殊性，承担侵权的形式主要有：

（1）停止侵害。加害人正在实施侵害他人财产和人身的行为的，受害人可以依法请求其停止侵害行为，这实际上是要求侵害人不实施某种侵害行为。供电企业在发现窃电行为后，可以要求窃电行为人停止侵害，终止实施窃电行为。

（2）消除危险。行为人的行为对他人的人身、财产安全造成潜在威胁的，权利人可以要求其采取有效措施消除危险。窃电行为人的窃电行为可能会给电网的安全运行带来一定的危险，甚至可能对第三人造成侵害，因此供电企业发现窃电行为后，可以要求窃电行为人消除其窃电行为给电网造成的危险。

（3）赔偿损失。窃电行为人实施窃电行为，直接占有了供电企业的电能，因此供电企业可以要求窃电人赔偿损失，赔偿损失的范围包括补交电费、供电设施损害费，如电能表修复费、线路修复费等，第三人人身、财产的损害赔偿。

法规链接

《民法通则》第一百零六条规定："公民、法人违反合同或者不履行其他义务的，应当承担民事责任。公民、法人由于过错侵害国家的、集体的财产，侵害他人财产、人身的应当承担民事责任。"

《合同法》第一百零七条规定："当事人一方不履行合同义务或者履行合同义务不符合约定的，应当承担继续履行、采取补救措施或者赔偿损失等违约责任。"

《电力法》第四条规定："电力设施受国家保护。禁止任何单位和个人危害电力设施安全或者非法侵占、使用电能。"

《供电营业规则》第一百零二条规定："供电企业对查获的窃电者，应予制止并可当场中止供电。窃电者应按所窃电量补交电费，并承担补交电费三倍的违约使用电费。"第一百零四条："因违约用电或窃电造成供电企业的供电设施损坏的，责任者必须承担供电设施的修复费用或进行赔偿。因违约用电或窃电导致他人财产、人身安全受到侵害的，受害人有权要求违约用电或窃电者停止侵害，赔偿损失。供电企业应予协助。"

《用电检查管理办法》第二十一条规定："现场检查确认有窃电行为的，用电检查人员应当场予以中止供电，制止其侵害，并按规定追补电费和加收电费。"

四、窃电应承担的行政责任？

（一）窃电行为在行政法律关系上的性质

行政违法行为是指公民、法人或其他组织违反行政管理秩序，应由行政机关给予行政处罚的行为。行政违法行为的特征有：①行为的主体是公民、法人或其他组织；②行为侵害的客体是行政管理秩序；③行为必须具有法律、法规规定应当给予行政处罚的特征。窃电行为符合行政违法行为的特征有：①窃电的主体是公民或者单位，窃电行为符合行政违法行为的主体要件；②窃电行为不仅侵犯了供电企业的合法财产权，也破坏了正常的供用电秩序，危及公共安全，而且根据《电力法》《电力供应与使用条例》等规定，国家行政机关为了维护行政管理秩序，可以依法对窃电行为人进行行政处罚。

（二）窃电的行政责任

（1）责令停止违法行为。责令停止违法行为是根据《电力法》、《电力供应与使用条例》等法律、法规规定，由电力管理部门作出的一项行政处罚措施，应该确认属于窃电行为应该承担的一种最低限度的行政责任。责令停止违法行为是指责令窃电行为人停止窃电的违法行为，包括拆除私搭乱接的线路、拆除专用的窃电装置、拆除其破坏的电能计量装置、恢复电能计量装置的正常等。

（2）追缴电费。追缴电费应该是供电企业行使民事权利的行为，但是《电力法》规定了电力管理部门追缴电费的权利，实际上是法律赋予了电力管理部门以行政权力直接保护供电企业的利益。追缴电费的条件是窃电行为人没有向供电企业补交电费，如果窃电行为人已经补交了电费，那么电力管理部门就不需要采用行政手段追缴电费了。

（3）罚款、没收。罚款是行政机关对行政违法行为人强制收取一定数量金钱，剥夺一定财产权利的制裁方法。目前，关于对窃电行为人处以罚款的规定，《治安管理处罚法》与《电力法》规定不尽相同。《电力法》规定，罚款的数额为应交电费的 5 倍以下，应交电费是指因窃电而少交的电费；《治安管理处罚法》规定，罚款的金额为1000 元以下。罚款可以与其他行政处罚一并执行，可以单独执行。电力法律法规规定的 5 倍以下罚款具有较大的自由裁量权，需要根据地方性法规、具体案件的情况包括窃电手段、次数、窃电量、认错态度、造成的后果等多方面的考虑。此外，不少省、自治区、直辖市地方性法规对传授窃电方法，教唆、帮助他人窃电，生产、销售窃电专用器具等行为，规定给予没收违法所得和窃电专用器具及生产工具，并处一定数额的罚款。

（4）拘留。是指对违反《治安管理处罚法》的一般违法行为，给予的一种最严厉制裁，属于行政处罚的一种。治安拘留最高期限为 15 日。对拘留不服的，可提起行政复议、行政诉讼。合并执行拘留的期限不得超过 20 天。

法 规 链 接 ❶

《治安管理处罚法》第四十九条规定："盗窃、诈骗、哄抢、抢夺、敲诈勒索或者故意损毁公私财物的，处五日以上十日以下拘留，可以并处五百元以下罚款；

情节较重的，处十日以上十五日以下拘留，可以并处一千元以下罚款。"

《电力法》第七十一条规定："盗窃电能的，由电力管理部门责令停止违法行为，追缴电费并处应交电费五倍以下的罚款；构成犯罪的，依照刑法第一百五十一条或者第一百五十二条的规定追究刑事责任。"

《电力供应与使用条例》第四十一条规定："违反本条例第三十一条规定，盗窃电能的，由电力管理部门责令停止违法行为，追缴电费并处应交电费5倍以下的罚款；构成犯罪的，依法追究刑事责任。"

《供用电监督管理办法》第二十九条规定："电力管理部门对盗窃电能的行为，应责令其停止违法行为，并处以应交电费五倍以下的罚款；构成违反治安管理行为的，由公安机关依照治安管理处罚条例的有关规定予以处罚；构成犯罪的，依照刑法第一百五十一条或者第一百五十二条的规定追究刑事责任。"

五、窃电应承担的刑事责任

（1）盗窃罪。在我国，窃电构成盗窃已有较为明确的规定。早在1952年9月1日经中央人民政府政务院审核批准，燃料工业部公布《电力事业处理窃电暂行规定》中，就对盗窃电力的行为作出了具体的处理决定。1983年8月25日国家经济贸易委员会批准水电部颁布的《全国供电规则》第八十条明文规定窃电系属盗窃国家财物的行为。1992年最高人民法院、最高人民检察院颁布的《关于办理盗窃案件具体应用法律的若干问题的解释》（法发〔1992〕43号)第一条第四项明确规定："盗窃公私财物，即指有形物，也包括电力、煤气、天然气、重要科技成果等无形财物。"而1995年12月28日通过的《电力法》第七十一条则首次以法律形式规定："盗窃电能的，由电力管理部门责令停止违法行为并处应交电费5倍以上的罚款，构成犯罪的，依照刑法（1979年）第一百五十一条或者第一百五十二条的规定追究刑事责任"。1998年为适应刑法修改的要求，最高人民法院《关于审理盗窃案件具体应用法律若干问题的解释》（法释〔1998〕4号）第一条第三十一项再次规定"盗窃公私财物，包括电力、煤气、天然气等"。

盗窃罪，是指以非法占有为目的，窃取他人占有的数额较大的财物，或者多次盗窃的行为。从构成要件来看，盗窃罪主体是一般主体，凡达到刑事责任年龄且具备刑事责任能力的人均能构成，在主观方面表现为直接故意，且具有非法占有的目的。盗窃罪侵犯的客体是公私财物的所有权（包括电力、煤气、天然气等），在客观方面表现为行为人具有窃取数额较大的公私财物或者多次窃取公私财物的行为。

那么多少数额才能按窃电罪追究刑事责任呢？涉案数额大小是追究窃电行为人刑事责任的重要考量。盗窃电能犯罪的数额标准应依照相关法律与司法解释执行。根据1998年3月下发的《最高人民法院、最高人民检察院、公安部关于盗窃罪数额认定标准问题的规定》（法发〔1998〕3号）对一般、重大、特大盗窃案件立案标准的规定，盗窃"数额较大"的起点为五百元至二千元，盗窃

"数额巨大"的起点为五千元至二万元，盗窃"数额特别巨大"的起点为三万元至十万元，各省、自治区、直辖市高级人民法院、人民检察院、公安厅（局），可以根据本地区经济发展状况，并考虑社会治安状况，在上述数额幅度内，共同研究确定本地区执行的盗窃罪"数额较大"、"数额巨大"、"数额特别巨大"的具体数额标准，并分别报最高人民法院、最高人民检察院、公安部备案。对于单位有关人员为谋取单位利益组织实施盗窃行为，按照盗窃罪追究直接责任人员的刑事责任。

法 规 链 接

《刑法》第二百六十四条规定："盗窃公私财物，数额较大的，或者多次盗窃、入户盗窃、携带凶器盗窃、扒窃的，处三年以下有期徒刑、拘役或者管制，并处或者单处罚金；数额巨大或者有其他严重情节的，处三年以上十年以下有期徒刑，并处罚金；数额特别巨大或者有其他特别严重情节的，处十年以上有期徒刑或者无期徒刑，并处罚金或者没收财产。"

《最高人民法院、最高人民检察院关于办理盗窃刑事案件适用法律若干问题的解释》（法释〔2013〕8号）第一条规定："盗窃公私财物价值一千元至三千元以上、三万元至十万元以上、三十万元至五十万元以上的，应当分别认定为刑法第二百六十四条规定的'数额较大'、'数额巨大'、'数额特别巨大'"。

第四条规定："盗窃的数额，按照下列方法认定：
（三）盗窃电力、燃气、自来水等财物，盗窃数量能
够查实的，按照查实的数量计算盗窃数额；盗窃数
量无法查实的，以盗窃前六个月月均正常用量减去
盗窃后计量仪表显示的月均用量推算盗窃数额；盗
窃前正常使用不足六个月的，按照正常使用期间的
月均用量减去盗窃后计量仪表显示的月均用量推算
盗窃数额"。

《电力法》第七十一条规定："盗窃电能的，由
电力管理部门责令停止违法行为，追缴电费并处应
交电费五倍以下的罚款；构成犯罪的，依照刑法第
一百五十一条或者第一百五十二条的规定追究刑事
责任。"

《电力供应与使用条例》第四十一条规定："违
反本条例第三十一条规定，盗窃电能的，由电力管
理部门责令停止违法行为，追缴电费并处应交电费
5 倍以下的罚款；构成犯罪的，依法追究刑事
责任。"

《供用电监督管理办法》第二十九条规定："电
力管理部门对盗窃电能的行为，应责令其停止违法
行为，并处以应交电费五倍以下的罚款；构成违反
治安管理行为的，由公安机关依照治安管理处罚条
例的有关规定予以处罚；构成犯罪的，依照刑法第
一百五十一条或者第一百五十二条的规定追究刑事
责任。"

相关案例 ⓘ

1. 案情简介

2006 年 12 月，某水泥包装有限公司负责人李某、张某找到胡某为该公司安装窃电装置。2007 年，某供电公司又为该公司安装一块电能表，李某再次邀约胡某安装了窃电装置。2010 年 7 月，供电公司在对该公司进行用电检查时，发现该公司安装了窃电装置，当即报案。经鉴定，该公司窃电共计 1 020 379kWh，价值人民币 568 551 元。其中，李某、胡某窃电电量计 1 020 379kWh，价值人民币 568 551 元；张某于 2008 年 9 月离开该公司，其参与窃电电量共计 680 400kWh，价值人民币 391 230 元，案件审理中，被告人张某主动退赃人民币 100 000 元。

2. 法院判决

法院经审理认为，被告人李某、胡某、张某以非法占有为目的，相互纠合，秘密窃取数额特别巨大的公共财物，其行为已构成盗窃罪，属共同犯罪。在共同犯罪中，被告人李某首起犯意，策划、邀约、安排其他二被告人实施盗窃作案，被告人胡某为实施盗窃作案提供窃电技术，并积极参与作案，均起主要作用，属主犯。被告人张某参与窃电作案，起次要作用，属从犯，对于从犯，应当从轻、减轻或免除处罚。且被告人张某积极主动退出部分赃款，又具有酌定从轻处罚情节。三被告人归案后及庭审中，如实供述其犯罪事实，并当庭认罪，均属认罪态度较好，具有酌定从轻处罚情节。遂以盗窃罪判处被告人李某、胡某有期徒刑十四年六个月，并处罚金人民币五万元，剥夺政治权利三年，被告人张某有期徒刑六年，并处罚金人民币二万五千元。

（2）破坏电力设备罪。破坏电力设备罪，是指故意破坏电力设备，危害公共安全的行为。破坏电力设施的动机是多样的，可能是为了泄私愤、可能是为了嫁祸于人，但是更多的情况下是为了图财。窃电过程中破坏电力设备且危害公共安全的，属于一个行为触犯两个罪名，构成刑法理论上的想象竞合犯，应当按照"择一重罪处罚"的原则进行处罚。因破坏电力设备罪的处罚比盗窃罪为重，故按照破坏电力设备罪处罚。如果窃电并且盗窃正在使用的电力设备，则是两个行为，分别构成盗窃罪和破坏电力设备罪，应当数罪并罚。

关于什么是正在使用的电力设备，2007 年 8 月 13 日颁布的《最高人民法院关于审理破坏电力设备刑事案件具体应用法律若干问题的解释》（法释〔2007〕15 号）中规定："本解释所称电力设备，是指处于应急、运行等使用中的电力设备；已经通电使用，只是由于枯水季节或电力不足等原因暂停使用的电力设备；已经交付使用但尚未通电的电力设备。不包括尚未安装完毕，或者已经安装完毕但尚未交付使用的电力设备。"因此，实践中偷割未正式交付使用的线路，应按盗窃案件处理。

破坏电力设施罪是危害公共安全的犯罪。该罪所侵害的客体是社会的公共安全。在认定行为人的行为是否构成破坏电力设施罪时，应当注意其是否具有危害社会公共安全的性质，根据其破坏的具体对象、具体部位、破坏的方法以及破坏的具体损害程度等来综合分析。例如拆盗某些排灌站、加工厂等生产单位正在使用中的电机设备等，没有危及社会公共安全的，须根据案件的不同情况，按盗窃罪、破坏集体生产罪或者毁坏公私财物罪进行处理。

法规链接 ⓘ

《刑法》第一百一十九条规定：

破坏交通工具、交通设施、电力设备、燃气设备、易燃易爆设备，造成严重后果的，处十年以上有期徒刑、无期徒刑或者死刑。

过失犯前款罪的，处三年以上七年以下有期徒刑；情节较轻的，处三年以下有期徒刑或者拘役。

相关案例 ⓘ

1. 案情简介

2008 年 4 月 30 日凌晨 4 时许，熊某与刘某（另行处理）在某市某路附近，由熊某望风，刘某盗取了正在运行中的三相四线架空绝缘导线约 100m。准备拦车逃逸时，被巡逻民警抓获。被盗架空绝缘导线经核价，价值人民币5003元，被盗后影响了附近居民用电。

以上事实，有下列证据予以证实：

（1）证人刘某的证言笔录，证实2008年4月30日凌晨4时许，其与熊某在某路附近盗窃电线，由其动手，熊某在路口望风，后两人准备拦车逃逸时，被巡逻民警抓获的事实。

（2）证人张某的证言笔录，证实2008年4月30日早上6时许，发现家中没电，经查看，发现室外电线被剪的事实。

（3）证人王某的证言笔录，证实2008年4月30日凌晨5时许接到抢修电话，称某路附近的三相四线架空绝缘导线被盗，影响居民用电，后经现场检查发现该处被盗割的绝缘导线型号为 JKYJ 型，规格为 $70mm^2$，长度约100m 的事实。

（4）证人温某、苏某的证言笔录，均证实2008年4月30日凌晨4时许，在巡逻时发现有两名男子形迹十分可疑，遂上前盘查，当场从两人包内查获作案工具的事实。

（5）书证市公安局扣押物品清单及照片，证实作案现场及作案工具的情况。

（6）书证物品财产估价鉴定结论书，证实被窃的绝缘导线价值人民币5003元的事实。

（7）书证市电力公司出具的证明，证实被窃绝缘导线系正在运行中的电力设备的事实。

（8）熊某在公安机关的多次供述，均证实其与刘某盗窃电线，由刘某动手，其在附近为刘某望风，得手后两人一同将电线割成若干段装入旅行包内，后在拦车时被公安人员抓获的事实。

2. 法院判决

法院认为，被告人熊某伙同他人秘密窃取正在使用中的电力设备，危害公共安全，尚未造成严重后果，其行为已构成破坏电力设备罪，依法应予惩处。公诉机关指控的罪名成立，本院予以支持。被告人熊某与刘某共谋盗窃电线，并在刘某盗窃过程中为刘某望风的事实，不仅有同案犯刘某的证言，且有被告人熊某在公安机关的一贯供述予以佐证；被告人熊某的辩解，与庭审查证的事实不符，且有悖常理，故本院不予采纳。据此，根据被告人熊某犯罪的事实、性质、情节和对社会的危害程度，依照《刑法》第一百一十八条、第二十五条第一款和第六十四条的规定，判决熊某犯破坏电力设备罪，判处有期徒刑三年六个月。

（3）传授犯罪方法罪。传授犯罪方法罪，是指用语言、文字、动作、图像或者其他方法，故意向他人传授实施犯罪的具体经验和技能的行为。窃电器是国家法律、法规禁止生产的产品，是窃电方法、技能的客观载体，行为人一旦将之出售，他人就掌握了窃电的方法和技能。因此，出售窃电器属于刑法规定的传授犯罪方法罪。

法规链接 ⓘ

《刑法》第二百九十五条规定：

传授犯罪方法的，处五年以下有期徒刑、拘役或者管制；情节严重的，处五年以上有期徒刑；情节特别严重的，处无期徒刑或者死刑。

相关案例 ⓘ

1. 案情简介

陈某于 1999 年 4 月 26 日携带作案工具至某酒店，以"节能"为名，向吉某传授窃电方法。同年 6 月 14 日晚 8 时许，接到举报的市供电局派员至酒店进行用电检查，当场查出吉某的窃电行为，且经计算，吉某累计窃电价值人民币 2935.49 元。案发后，吉某积极配合公安机关将陈某抓获归案。陈某供述，除此之外，还于 1998 年 12 月～1999 年 5 月，分别向万某、顾某、王某、张某、唐某、何某等人传授窃电手法。

检察机关以证人证言笔录、现场照片等证据，认为其行为已构成传授犯罪方法罪；吉某盗窃电能，数额较大，其行为已构成盗窃罪，遂提起公诉，要求分别依照《刑法》第二百九十五条和第二百六十四条规定，给予处罚。鉴于吉某案发后有立功表现，应同时适用《刑法》第六十八条规定，给予从轻或减轻处罚。

庭审中，陈某对起诉书指控其传授窃电的行为供认不讳，其辩护人认为，指控方提供的证人证言不足以证明被告人陈某的行为构成传授犯罪方法罪。吉某对指控的事实不持异议，其辩护人认为被告人吉某是偶尔失足犯罪，情节较轻，且有立功表现，要求从轻或减轻处罚。

2. 法院判决

法院经审理认为，被告人陈某传授盗窃电能的方法，其行为已构成传授犯罪方法罪，应予以惩处。被告人吉某盗窃电能，数额较大，其行为已构成盗窃罪，应予处罚。鉴于其案发后，协助公安机关将被告人陈某抓获，属立功，且犯罪情节较轻，依法可予以从轻处罚。公诉机关指控被告人陈某犯传授犯罪方法罪、被告人吉某犯盗窃罪，事实清楚，证据确凿，且适用法律并无不当，罪名成立，依法应予支持。被告人陈某的辩解与本案所查证的事实不符，故不予采信。被告人吉某的辩护人提出的辩护观点，于法有据，应予以采纳。据此，2000 年 2 月 15 日，区人民法院作出 (2000)×刑初字第 24 号刑事判决书，依据《刑法》第二百九十五条、第二百六十四条、第六十八条和第六十四条的规定，判决如下：

（1）被告人陈某犯传授犯罪方法罪，判处有期徒刑三年。

（2）被告人吉某犯盗窃罪，判处罚金人民币 5000 元。

（3）追缴被告人吉某非法所得价值人民币 21 935.49 元。

（4）贪污罪。贪污罪，是指国家工作人员和受国家机关、国有公司、企业、事业单位、人民团体委托管理、经营国有财产的人员，利用职务上的便利，侵吞、窃取、骗取或者以其他手段非法占有公共财物的行为。目前，供电企业都是国有资产，因此电能交付用户之前属于国有资产，供电企业的职工窃电可能构成贪污罪。供电企业职工窃电构成贪污罪应同时具备两个条件：一是是否从事公务；二是是否利用职务便利。供电企业职工只有通过职务便利窃电，才能构成贪污罪。

法 规 链 接 ⓘ

《刑法》第三百八十二条规定：

国家工作人员利用职务上的便利，侵吞、窃取、骗取或者以其他手段非法占有公共财物的，是贪污罪。

受国家机关、国有公司、企业、事业单位、人民团体委托管理、经营国有财产的人员，利用职务上的便利，侵吞、窃取、骗取或者以其他手段非法占有国有财物的，以贪污论。

与前两款所列人员勾结，伙同贪污的，以共犯论处。

《刑法》第三百八十三条规定：

对犯贪污罪的，根据情节轻重，分别依照下列规定处罚：

（一）个人贪污数额在十万元以上的，处十年以上有期徒刑或者无期徒刑，可以并处没收财产；情节特别严重的，处死刑，并处没收财产。

（二）个人贪污数额在五万元以上不满十万元的，处五年以上有期徒刑，可以并处没收财产；情节特别严重的，处无期徒刑，并处没收财产。

（三）个人贪污数额在五千元以上不满五万元的，处一年以上七年以下有期徒刑；情节严重的，处七年以上十年以下有期徒刑。个人贪污数额在五千元以上不满一万元，犯罪后有悔改表现、积极退赃的，可以减轻处罚或者免予刑事处罚，由其所在单位或者上级主管机关给予行政处分。

（四）个人贪污数额不满五千元，情节较重的，处二年以下有期徒刑或者拘役；情节较轻的，由其所在单位或者上级主管机关酌情给予行政处分。

对多次贪污未经处理的，按照累计贪污数额处罚。

（5）窃电构成的其他罪名。窃电案件中，如有生产、出售窃电器材、非法转供电等行为，根据《刑法》二百二十五条可以构成非法经营罪。如在窃电过程中，行为人因疏忽大意引起电源起火，导致不特定多数人伤亡或公私财产遭受重大损失的，根据《刑法》第一百一十五条可以构成失火罪。

六、本节法律风险防范提示

1. 怎样收集违章用电的证据？

《民事诉讼法》第六十四条第一款规定："当事人对自己提出的主张，有责任提供证据。"在民事诉讼中，证据主要是由提出权利主张的当事人提供的，如举证不足就可能会败诉。在处理违章用电时，供电企业应该围绕受损害的事实全面收集证据，使收集的证据足以反映纠纷的来龙去脉和关键情节的事实真相，从而证明自己的主张。在收集证据时思路应从以下几个方面展开：①反映供用电法律关系形成、发展的证据材料，如供用电合同；②反映损害事实存在的证据，如有产品质量问题的实物，对实物质量问题的检验鉴定结论等；③能够证明经济损失情况的材料，如损失清单、单据、现场勘查记录等。

2. 发现违章用电，能否当场停电？

不能。违章用电不等同于窃电，供电企业不具有当场停电权。唯有当用户构成违章用电停电的前置条件时，供电企业方可依据法定的程序进行停电。

3. 供电企业在窃电处理中如何引述法规？

在窃电法律规制上，涉及的法律、法规较多，一线员工可能把握不准究竟如何适用法律。我们认为，在窃电处理中引述法规应当注意两项原则：

（1）注意区分行政处罚与民事责任追究。例如《电力法》第七十一条和《电力供应与使用条例》第四十一条规定，均属于电力管理部门对窃电行为人实施行政处罚的规定，是赋予电力管理部门的行政处罚权，供电企业在窃电处理中不宜引用。而《供电营业规则》第一白零一至一百零四条、《用电检查办法》第二十一条是供电企业处理窃电的办法及程序规定，是赋予供电企业的民事权利，供电企业在窃电处理中可以引述。《电力供应与使用条例》第三十一条是国家对窃电的禁止性规定及对窃电行为的定性，在窃电处理中可以引述。

（2）注意区分不同法律、法规的效力。在本书第二章介绍了我国法律的效力层次区分为四个层次，其中地方性法规、自治条例和单行条例、规章属于同一层次。也就是说，《供电营业规则》《用电检查管理办法》《供用电监督管理办法》与省、自治区、直辖市的人民代表大会及其常务委员会以及较大的市的人民代表大会及其常务委员会制定的反窃电规定，是同一层次。根据《立法法》的规定，地方性法规与部门规章之间对同一事项规定不一致，不存在谁取代谁的问题，只能依照法定程序向国务院提出意见。

4. 发现用户具有窃电行为能否当场中止供电及采取其他辅助技术措施？

国家经贸委《关于供电企业查处窃电中有关法律、法规适用问题的请示》复函（国经贸厅电力函〔2001〕837号）中明确规定："根据《电力法》第三十二条、《用电检查管理办法》第二十一条、《供电营业规则》第一百零二条的规定，供电企业在确认有窃电行为后，可以依法中止供电，包括为防止窃电人自行恢复供电而采取必要的辅助技术措施。"这里的"依法中止供电"，根据《供电营业规则》的规定可当场中止供电。鉴于不少地方性法规对供电企业的当场供电权作出了一定的限制，供电企业应审慎遵守执行。

5. 发现用户具有窃电行为除当场中止供电外，应当如何追究其责任？

根据《供电营业规则》的规定，窃电者应按所窃电量补交电费，并承担补交电费三倍的违约使用电费。拒绝承担窃电责任的，供电企业应报请电力管理部门依法处理。窃电数额较大或情节严重的，供电企业应提请司法机关依法追究刑事责任。

6. 供电企业在当场中止供电后，是否负有恢复供电的义务？

《供电营业规则》第六十九条规定："引起停电或限电的原因消除后，供电企业应在三日内恢复供电。不能在三日内恢复供电的，供电企业应向用户说明原因。"供电企业恢复供电义务限定在三日，否则应当说明原因。这里的"引起停电或限电的原因"至少应当包括窃电行为人终止了窃电行为，并且依法（合同）补交电费及违约使用电费，承担了供电企业的供电设施损坏的修复费用或进行赔偿，以及供电企业其他损失的赔偿。采用先购电后用电的模式或提供相应的担保、采取必要的防范窃电的技术措施，能否作为恢复供电的前提条件，有一定的争议，如有合同约定，则可以在实践中运用；没有约定的，应当考量当地地方性法规、规章。部分省、自治区、直辖市有不同的规定，例如《湖北省预防和查处窃电行为条例》规定："有下列情形之一的，电力企业应当及时恢复供电，最迟不得超过 24 小时：（一）被中断供电的用户停止窃电行为并承担了相应责任；（二）被中断供电的用户按照有关规定提供了担保；（三）电力行政主管部门作出了恢复供电的决定。"

7. 未按要求补交电费及违约使用电费，供电企业能否依照《供电营业规则》第九十八条规定收取电费违约金？

除非有特别约定，否则不宜收取。《供电营业规则》关于三倍违约使用电费属于违约金条款，是对窃电行为人违反法律、法规规定和合同约定应承担的违约责任。法定或约定违约金条款不因时间的拖延而发生计算上的改变。

8. 错误认定用户具有窃电行为，应当如何处理？

供电企业确认用户有窃电行为予以中止供电后，经电力管理部门认定窃电行为不成立的，供电企业应当向用户赔礼道歉，为其恢复名誉，并依法赔偿用户因此受到的经济损失。

9. 能否对社会公布窃电举报奖励办法？对窃电举报人进行奖励的法律性质是什么？

可以。向社会不特定对象公布窃电举报奖励办法，其性质属于悬赏广告。司法实践一般认为，悬赏广告是一种契约，是为了唤起不特定的人与之订立合同。悬赏广告作为对不特定人的要约，必须与完成指定行为人的承诺相结合，其契约才能成立。完成广告行为的人享有报酬请求权，悬赏人负有按照悬赏广告的约定支付报酬的义务。因此，最高人民法院关于《合同法》司法解释二明确规定："悬赏人以公开方式声明对完成一定行为的人支付报酬，完成特定行为的人请求悬赏人支付报酬的，人民法院依法予以支持。"

第四章
用电事故检查

第一节　人身伤害事故检查

重点提示

1. 如何界定触电纠纷当事方责任？
2. 构成供电企业过错的因素有哪些？

基础知识

在触电人身损害赔偿纠纷中，过错是考量当事人民事责任的重要尺度。即使是在高压触电案中，被侵权人的过错仍然是考量能否减轻经营者责任的一项重要依据。为此，在处理触电人身伤害事故检查中，明晰各位的责任，是维护企业合法权益的重要途径。

一、明晰产权——责任承担的基础

（一）电力设施产权的归属

根据《中华人民共和国物权法》（以下简称《物权法》）第三十条规定："因合法建造、拆除房屋等事实行为设立或者消灭物权的，自事实行为成就时发生效力。"电力设施在竣工验收合格后即事实行为成就时，其所有权人即已经确定，除依照法律规定为国家所有外（《物权法》第五十二条），根据《电力法》第十三条规定"电力投资者对其投资形成的电力，享有法定权益"，电力设施的所有权归属按"谁投资，谁收益"的原则界定。因此，从理论上

说，在电力设施建成投产后，无须登记也无须签订合同加以明确，其归属即已有定论。然物之所有人要证明此物为己所有，需提供一系列的出资建设证明，证明过程过于烦琐，且从物的公示方法来看，动产以占有为公示方法，为其权利存在的外衣，不动产以登记为其公示方法，电力设施具有整体性且多为户外，对该电力设施的占有多体现为对其日常维护管理，而日常维护管理的范围与所有权的归属并非一对一的关系，且国家的登记机关对于电力设施的登记并没有完整的展开，于是合同约定双方产权分界点的意义即应运而生。从此种层面上来说，我们以为合同约定产权分界其作用在于确认电力设施的产权归属，而非确定电力设施的产权归属。

(二) 维护管理责任的划分

在民法上，物的所有者负有管理自有物的责任。一般而言，供用电合同中明确了电力设施产权的各自归属，也明确了电力设施的各自维护管理责任。但是在我国，电力设施产权归属与维护管理责任并非绝对的等同关系。

根据《电力供应与使用条例》第十七条规定，对电力设施的维护管理责任是按用途划分的，如"公用供电设施建成投产后，由供电单位统一维护管理""共用供电设施的维护管理，由产权单位协商确定，产权单位可自行维护管理，也可以委托供电企业维护管理""用户专用的供电设施由用户维护管理或者委托供电企业维护管理"。但是《供电营业规则》颁布后，对于电力设施维护管理责任的划分原则作了一些变更，加大了供电企业的责任：①将占用公用线路走廊规划的供电设施划定为供电企业管理；

②将公用变电站内由用户投资的供电设施划归供电企业管理；③临时用电等其他性质的供电设施，原则上由产权所有者运行维护管理，或者双方协商确定，并签订协议。但《供电营业规则》也确认"供电设施的维护管理范围按产权归属确定"。

我们认为，上述法律规定对于供电设施的维护管理责任的规制，采用的是以产权归属为基础，以用途为划分标准，并以便于维护管理为补充的原则。《电力供应与使用条例》和《供电营业规则》均赋予了供电企业对特定的不属于自有产权的供电设施维护管理的义务。因此，供用电合同中完全以产权归属区分各自维护管理责任，仅在一定范围内有效。对于产权不归属于供电企业，但又属公用性质或占用公用线路走廊的，或者位于变电站内由用户投资的供电设施，根据《合同法》第四十条规定，供电企业不能以格式条款的形式强行免除其维护管理责任。

二、界定过错——责任承担的落脚点

过错包括故意和过失。在实践中，供电方主要存在过失。过失是以注意义务的存在为前提的。民法上确定了3种不同的注意标准，相应的对应三种不同的过失：①普通人的注意。指在正常情况下，只要用轻微的注意即可预见的情形。这种注意义务是按一般人在通常情况下能够注意到作为标准的，是客观标准。对这种注意义务的违反，构成重大过失。②应与处理自己事物为同一注意。判断这种注意义务，应以行为人在主观上是否尽到了注意义务为标准，是主观标准。如果行为人证明自己在主观上已经尽到了注意义务，应认定为无过失；行为人违反这种注意义务，即构成具体轻过失。③善良管理人的注意。这种注意义务，以交易上的一般观念认定具有相当知识经验的人对于一定事件的注意程度作为标准，客观地加以认定，是客观标准。违反善良管理人的注意义务，不依行为人的主观意志为标准，而以客观上应不应当做到为标准，未尽善良管理人注意义务的过失为抽象轻过失。

供电方是否已尽应尽的注意义务应以供电方是否已尽勤勉职责为通常的标准进行判断。判断的依据主要有：

（1）法律法规规定。这里主要有《民法通则》《电力法》和其他相关法律规定，法律、法规规定当事人应履行的义务当事人必须予以履行。

（2）电力技术、操作规程和标准。主要涉及电力设施规划、设计、安装是否存有瑕疵，有关工作人员是否违规操作等。

（3）供电方作出的社会服务承诺。服务承诺对电力用户而言是供电企业应履行的义务，在审判实务中则可作为衡量供电方是否积极履行职责的依据。

（4）基于供用电合同、习惯或常理等所产生的其他义务。

实践中，可构成供电方过错的因素，种类繁多，具体不一现概括如下：

（1）设备设施存有原始隐患。

1）电力设施安装架设不符合规程规范，不适于运行：①电力设施安装架设具有技术含量高的特点，国家对电力设施安装架设设有严格的技术标准、规程，所有的电力设施安装架设必须符合国家相应的技术标准、规程；②国家对电力设施安装架设的施工人也设定了相应的准入门槛，施工人必须具备相应的资质，才能进行电力设施安装架设的施工；③供电方安装架设电力设施必须履行应有的程序，如出现三线搭挂、线路高度不够、未经竣工检验即投入使用等，则可能构成供电方的过错。

2）辅助设备设施的安装不完全，例如农村低压电网采用 TT 系统方式运行的，应装设剩余电流动作总保护等。

（2）危害因素排除不力。这里的危害因素是指电力设施建成投产后在运行中所存在的可能危及第三人的因素，例如电杆因日晒雨淋而爆裂，自然灾害引发电力设施倒塌、断裂，线路保护区内违章建房等。排除危害因素的责任可以概括为两个方面：一是发现安全隐患及时排除的义务；二是虽未发现安全隐患，但负有积极巡查、检修以排除隐患的义务。这种责任通常可以纳入"维护管理责任"的范畴，主要基于自有产权和维护管理责任的电力设施。例如在发生不可抗力时，当事人负有两项义务：一是在明知不可抗力即将到来的前提下，例如天气预报强台风即将登陆，采取足够的措施以排除危害因素，防止损害的发生；二是在不可抗力造成损害后，及时采取措施排除危害因素，防止损害的进一步扩大。

（3）违反规定继续供电。《供电营业规则》规定了三项特定停电义务：①用户销户的，在用户结清电费后，拆除接户线和用电计量装置；②用户连续六个月不用电，也不申请办理暂停用电手续者或因用户原因连续 6 个月不能如期抄到计费电能表读数的，应予以终止供电；③用户依法破产的，应予销户，终止供电。违反规定应停电而未停电造成第三人损害的，应当承担赔偿责任，这点在实践中并不鲜见。

（4）停止供电不履行通知义务。《电力法》第二十九条第一款规定："因供电设施检修、依法限电或者用户违法用电等原因，需要中止供电时，供电企业应当按照国家有关规定事先通知用户。"应通知而未通知则构成供电方过错。例如某县村民王某因建新屋需要用电，向所在镇供电所申请用电，电工许某便为王某架设临时线路。在王某用电告一段落后，电工许某在不知王某何时再用电，又不见王某报停的情况下，为确保安全，在未通知王某的情况下，便予以停电。当年9月王某又需用电，见电已被停，便叫其雇工接通使用，在用电过程中电能表前段电线突然着火，王某情急之下，便叫另一雇工铲断电线。被铲断的带电电线断落在田上，次日村民王某路过该田时，踩着断落的电线，触电死亡。二审法院认为供电方未履行通知义务及未正确履行对线路定期检查、监督的行政职责，判决供电方应承担次要责任。

（5）供电质量不符合标准。《合同法》第一百七十九条规定："供电人应当按照国家规定的供电质量标准和约定安全供电。"因供电质量不合标准进而导致电器设备损害、人身伤害的，供电方应承担赔偿责任。当前，电能质量纠纷中存在比较普遍的问题是电压偏差超过国家规定的标准。值得注意的是，供电企业交付的电能电压是否合格，根据《供电营业规则》和电能质量国家标准的规定，以用户受电端的供电电压或者电能计量点为判定点。

（6）约定义务。主要是指在供用电合同中就法定义务外，供用电双方就特定事项作特别约定义务。

用电方过错的判断依据来源于多种，有电力常识、生活经验、行为习惯，也有国家的法律、法规，以及在第三方提示下仍然从事相应的行为等。

三、责任免除——高压触电案中重要话题

一直以来，对高压触电案件适用《民法通则》第一百二十三条的规定，各方理解不一，司法实践判法也不尽一致，为了正确审理因触电引起的人身损害赔偿案件，保护各方当事人的合法权益，最高人民法院在 2000 年 11 月 13 日出台了《最高人民法院关于审理触电人身损害赔偿案件若干问题的解释》［（法释〔2001〕3 号（以下简称《解释》）］，对于《民法通则》第一百二十三条的免责情形作了具体规定，其中明确地将"受害人在电力设施保护区从事法律、行政法规所禁止的行为"列为电力设施产权人的免责事由。此解释一出，正日益遭受巨额索赔的供电企业大大松了一口气。然而，法至行时才知难。对于"受害人在电力设施保护区从事法律、行政法规所禁止的行为"，在司法实践中却出现了不同的理解，以至于判法不一的情况再次出现。

分歧一，何种意识下从事法律、行政法规所禁止的行为是电力设施产权人的免责事由。一种观点认为，只要受害人在电力设施保护区从事法律、行政法规所禁止的行为，受害人虽不希望或追求人身伤亡的结果，但损害是因受害人实施违法行为所造成，其主观心理状态存在间接故意，即放任损害的发生，也属于《民法通则》第一百二十三条中所规定的"故意"的一种。一种观点认为，《民法

通则》第一百二十三条中的"故意"仅指追求后果的故意即直接故意，不应包括如实施违章行为或误入危险区域的行为本身的故意即间接故意，或称受害人的过失，如将间接故意也作为行为人免责事由，则有违民法关于严格责任的立法精神。一种观点认为，受害人在电力设施保护区从事法律、行政法规所禁止的行为本身虽是故意为之，但不是追求损害结果的故意，只有在受害人明知是电力设施保护区，也明知法律、法规禁止从事某行为而故意实施的情况下，电力设施产权人才得以免责。没有明显的标志以致受害人不知道是电力设施保护区，或者出于过失或无主观过错的情况下违反法律、行政法规的规定，在电力设施保护区从事禁止的行为不在加害人免责之列。

分歧二：何种区域内从事法律、行政法规所禁止的行为是电力设施产权人的免责事由。一种观点认为，这种行为可以理解为《电力设施保护条例》第三章所规定的禁止任何单位和个人危害电力设施的各种行为。一种观点认为，"从事"是指有目的，有计划去作某一项工作或者完成某一项任务的故意"从事"，而不是指受害人的过失"进入"，且受害人在电力设施保护区从事法律、行政法规所禁止的行为，是特指在电力设施保护区内从事行为，对于在电力设施保护区外实施法律、行政法规所禁止的行为，因过失"进入"电力设施保护区而触电不在此列，本节所引述的案例即持后一种观点。

2010年10月1日，《中华人民共和国侵权责任法》（以下简称《侵权责任法》）正式实施，对于从事法律、法规所禁止的行为是否构成"故意"争议产生了新的内涵，即司法实践对于是否应当继续适用《最高人民法院关于审理触电人身损害赔偿案件若干问题的解释》产生争议，部分司法审判中对《最高人民法院关于审理触电人身损害赔偿案件若干问题的解释》的适用干脆给予了规避。直到 2013 年 4 月 8 日最高人民法院正式公布废止《最高人民法院关于审理触电人身损害赔偿案件若干问题的解释》，使得这一争议基本宣告终结。

根据《侵权责任法》第七十三条规定："从事高空、高压、地下挖掘活动或者使用高速轨道运输工具造成他人损害的，经营者应当承担侵权责任，但能够证明损害是因受害人故意或者不可抗力造成的，不承担责任。被侵权人对损害的发生有过失的，可以减轻经营者的责任。"和第七十六条规定："未经许可进入高度危险活动区域或者高度危险物存放区域受到损害，管理人已经采取安全措施并尽到警示义务的，可以减轻或者不承担责任。"高压触电案件构成供电企业的免责事由主要有四个方面：

（1）不可抗力。即不能预见、不能避免、不能克服的客观情况。按照通常理解，不可抗力主要有以下几类：①自然灾害，典型的有地震、海啸、台风、海浪、洪水、蝗灾、风暴、冰雹、沙尘暴、火山爆发、山体滑坡、雪崩、泥石流等；②社会异常事件，如战争、武装冲突、罢工、劳动力缺乏、骚乱、暴动等；③政府行为，如具有行政规章制定权、实施权的政府部门，如国务院、国务院各部委、省政府、市政府等，颁布新的法律、政策、行政措施。

（2）受害人故意。包括受害人以触电方式自杀、自伤；受害人盗窃电能，盗窃、破坏电力设施或者因其他犯罪行为而引起触电事故等，"受害人在电力设施保护区从事法律、行政法规所禁止的行为"能否认定为故意，在《最高人民法院关于审理触电人身损害赔偿案件若干问题的解释》废止后，恐难以得到司法实践的支持，多将其归结"被侵权人对损害的发生有过失"。

（3）被侵权人对损害的发生有过失，构成部分免责。这里面包括了从事《电力设施保护条例》第三章所规定的禁止任何单位和个人危害电力线路设施的各种行为等。

（4）未经许可进入高度危险活动区域或者高度危险物存放区域受到损害，管理人已经采取安全措施并尽到警示义务，可以减轻或者不承担责任。我们认为电力设施保护区可以视为"高度危险活动区域"，未经许可进入电力设施保护区作业受到损害，管理人已经采取安全措施并尽到警示义务，可以减轻或者不承担责任。这与《电力法》第五十四条规定，"任何单位和个人需要在依法划定的电力设施保护区内进行可能危及电力设施安全的作业时，应当经电力管理部门批准并采取安全措施后，方可进行作业"相呼应。

相 关 案 例 ⓘ

本案供电企业能否免责?

1. 案情简介

2001 年 3 月 28 日陈某在办公楼顶层天面（三楼楼面）扎钢筋，当他扎到安装了防护网和没有安装防护网的两面墙的交接处时，不小心将一根长约 4m、直径 6mm 的钢筋伸出了防护网，与办公楼前面的 10kV 高压电线接触而触电致残。经现场勘查，高压电线离办公楼阳台的水平距离为 3m，离脚手架为 2.4m。2001 年 7 月陈某一纸诉状将当地供电局、谭某等告上法庭。

2. 法院判决

本案就供电局是否应当为陈某触电致残承担责任问题，一二审法院分别作出了分析和判决。

一审法院认为，电力线路保护区安全距离应为法定 1.5m 加上最大风偏距离 0.2m，即为 1.7m，小于该高压电线离办公楼脚手架 2.4m 的水平距离。因此，村委会办公楼没有建在电力线路保护区范围之内。本案中，尽管陈某在做工时，手持钢筋进入了电力设施保护区，但是，因为《解释》第三条第四项所指的"从事"是指有目的、有计划去做某一项工作或者完成某一项任务的故意"从事"，而不是指受害人的过失"进入"，陈某的这种过失"进入"情形不适用《解释》第三条第四项的规定。供电局应对事故造成陈某人身伤害在内的损失承担无过错的民事赔偿责任。遂判决供电局承担事故责任的 30%。

二审法院认为，供电局是该电力设施的产权人，其架空的电力线路在钱塘村委会建房之前投入使用，该架空电力线路的安装设置完全符合安全要求，并且履行了管理职能，尽了应尽的注意义务，对于本案事故的发生没有任何过错，但陈某在该保护区外施工，不小心将 4m 长的钢筋伸入保护区内触电，导致事故的发生。陈某的行为并不属于《解释》第三条第四项规定的 4 种情形，因而，供电局不具备免责条件，应该承担相应的民事责任。二审法院维持了一审的判决。

3. 法律启示

由于对《解释》第三条第四项理解的不同，给供电企业带来了更多的选择和风险，而且司法实践中，对于高压案件的审理，大部分采用无过错原则与过错原则的混合适用，供电企业不仅应以具有《解释》中规定的免责事由为抗辩理由，而且应当特别注意自身是否有过错（受害人直接故意的除外），在应诉中建议考虑以下几个要素：

(1) 主体要素。是否是电力设施的产权人、维护管理人涉案，产权为界定责任的首要标准自不待言；是否存在政府违规审批等情形，考虑是否追加当事人。

(2) 过错要素。电力设施安装是否符合规程，涉及高压线下建房的，线路与房的建设孰先孰后；触电发生时，受害人的意识状态是否是明知有危险而放任发生或过于自信而造成过失；供电企业是否履行通知、请求政府部门处理等义务；事故现场附近是否有安全警示标志或保护区标志等。

(3) 因果关系要素。供电企业的作业行为与损害结果之间的因果关系，主要是防止"假触电，真敲诈"等恶意诉讼的产生。

(4) 责任要素。受害人触电时所从事的行为是在电力设施保护区内还是在电力设施保护区外；受害人触电时所从事的行为是否是法律法规说禁止的行为；触电发生的原因及分析。

第二节　火灾事故检查

●重点提示

1. 火灾事故调查的流程是怎样的？
2. 火灾事故认定书是事故最终认定结论吗？

●基础知识

火灾是严重危害人民生命财产、直接影响经济发展和社会稳定的最常见的一种灾害。随着经济建设的快速发展，物质财富的急剧增多和新能源、新材料、新设备的广泛开发利用，以及城市建设规模的不断扩大和人民物质文化生活水平的提高，火灾发生的频率越来越高，造成的损失越来越大。目前，火灾已经成为我国发生频率最高、破坏性最强、影响最大的灾种之一。而在火灾成因中与电力有关的，不在少数，且小部分群众发生火灾后总想将责任推向供电企业，试图从供电企业中获得补偿或赔偿。因此，用电检查在处理火灾事故，检查、把握责任划分中显得非常重要。下面简要介绍普通的涉电火灾事故的处理。

一、火灾事故认定的程序

根据《中华人民共和国消防法》（以下简称《消防法》）和《火灾事故调查规定》的规定，公安机关消防机构调查火灾事故的职责是查火灾原因，统计火灾损失，依法对火灾事故作出处理，总结火灾教训。火灾事故认定的程序分为管辖划分及调查程序两部分。

（一）管辖划分：

（1）一次火灾死亡十人以上的，重伤二十人以上或者死亡、重伤二十人以上的，受灾五十户以上的，由省、自治区人民政府公安机关消防机构负责调查。

（2）一次火灾死亡一人以上的，重伤十人以上的，受灾三十户以上的，由设区的市或者相当于同级的人民政府公安机关消防机构负责调查。

（3）一次火灾重伤十人以下或者受灾三十户以下的，由县级人民政府公安机关消防机构负责调查。

直辖市公安机关消防机构负责上述第（1）项、第（2）项规定的火灾事故调查，直辖市的区、县公安机关消防机构负责第（3）项规定的火灾事故调查。

除上述所列情形外，其他仅有财产损失的火灾事故调查，由省级人民政府公安机关结合本地实际作出管辖规定，报公安部备案。

（二）火灾事故调查程序

1. 简要程序

同时具有下列情形的火灾，可以适用简易调查程序：

（1）没有人员伤亡的。

（2）直接财产损失轻微的。

（3）当事人对火灾事故事实没有异议的。

（4）没有放火嫌疑的。

适用简易调查程序的，可以由一名火灾事故调查人员调查，并按照下列程序实施：

（1）表明执法身份，说明调查依据。

（2）调查走访当事人、证人，了解火灾发生的过程、火灾烧损的主要物品及建筑物受损等与火灾有关的情况。

（3）查看火灾现场并进行照相或者录像。

（4）告知当事人调查的火灾事故事实，听取当事人的意见，当事人提出的事实、理由或者证据成立的，应当采纳。

（5）当场制作火灾事故简易调查认定书，由火灾事故调查人员、当事人签字或者捺指印后交付当事人。

火灾事故调查人员应当在两日内将火灾事故简易调查认定书报所属公安机关消防机构备案。

2. 普通程序

（1）火灾事故调查须有两人以上的调查人员参加。

（2）应当根据火灾现场情况，排除现场险情，初步划定现场封闭范围，并设置警戒标志，禁止无关人员进入现场，控制火灾肇事嫌疑人。

（3）火灾现场勘查应当按照环境勘查、初步勘查、细项勘查和专项勘查的步骤及有见证人的前提下进行。

（4）火灾事故调查人员应当根据调查需要，对发现、扑救火灾人员，熟悉起火场所、部位和生产工艺人员，火灾肇事嫌疑人和被侵害人等知情人员进行询问。对火灾肇事嫌疑人可以依法传唤。必要时，可以要求被询问人到火灾现场进行指认。

（5）遵循火灾现场勘验规则，采取现场照相或者录像、录音，制作现场勘验笔录和绘制现场图等方法记录现场情况。

（6）根据调查需要，经负责火灾事故调查的公安机关消防机构负责人批准，可以进行现场实验。

（7）公安机关消防机构应当自接到火灾报警之日起三十日内作出火灾事故认定；情况复杂、疑难的，经上一级公安机关消防机构批准，可以延长三十日。火灾事故调查中需要进行检验、鉴定的，检验、鉴定时间不计入调查期限。

对起火原因已经查清的，应当认定起火时间、起火部位、起火点和起火原因；对起火原因无法查清的，应当认定起火时间、起火点或者起火部位以及有证据能够排除的起火原因。

灾害成因的认定应当包括下列内容：①火灾报警、初期火灾扑救和人员疏散情况；②火灾蔓延、损失情况；③与火灾蔓延、损失扩大存在直接因果关系的违反消防法律、法规、消防技术标准的事实。

（8）公安机关消防机构应当制作火灾事故认定书，自作出之日起七日内送达当事人，并告知当事人向公安机关消防机构申请复核和直接向人民法院提起民事诉讼的权利；无法送达的，可以在作出火灾事故认定之日起七日内公告送达。公告期为二十日，公告期满即视为送达。

（9）公安机关消防机构作出火灾事故认定后，当事人可以申请查阅、复制、摘录火灾事故认定书、现场勘验笔录和检验、鉴定意见，公安机关消防机构应当自接到申请之日起七日内提供，但涉及国家秘密、商业秘密、个人隐私或者移交公安机关其他部门处理的依法不予提供，并说明理由。

二、火灾事故认定书的法律性质

根据《消防法》第五十一条规定："公安机关消防机构根据火灾现场勘验、调查情况和有关的检验、鉴定意见，及时制作火灾事故认定书，作为处理火灾事故的证据。"因此，火灾事故认定书的本质属性就是技术鉴定结论。当事人对事故鉴定结论不服的可以向公安机关消防机构申请复核和直接向人民法院提起民事诉讼。由于鉴定过程中对有关数据和证据的考量出现偏差，或者现场询问和现场勘查出现纰漏，都会造成火灾原因认定的失误，导致鉴定结论被撤销或者变更。鉴定结论可以被维持、变更或者撤销，因此，从技术鉴定的角度来看，法院也并非必须受制于火灾原因认定书，当事人也可以通过相反证据予以推翻。此外，应当注意的是，2009 年修订的《火灾事故调查规定》取消了公安消防机构关于火灾事故责任划分认定的职责规定，公安机关消防机构作出的火灾事故认定书并不涉及有关各方责任的大小与责任的承担，对此，供电企业应当高度注意收集相关证据。

相关案例 ❶

一起指控"提前恢复供电引发火灾"案

1. 案情简介

2005 年 12 月 20 日，某县电力公司在某镇各村贴出停电通知，告知用户因变电站设备检修，2005 年 12 月

21日～12月23日早上6：00至晚上6：00全镇停电。12月22日，即检修第二天，电力公司的工作人员因当天检修任务已完成，便在有关调度指令下于当天下午1时30分左右提前恢复供电，凑巧的是，租住村民吴某家的外来民工孙某在22日清晨用电炒锅做饭后未关闭电源便外出上班，中午没回家，结果电炒锅在通电受热后，温度过高引燃周围可燃物，于下午3时23分左右发生火灾。大火迅速蔓延至邻居乐某等家中，将乐某等共五户村民的房屋烧毁。

　　火灾发生后，县消防大队经勘验现场及其他调查，认定租住吴某家的外来民工孙某在清晨用电饭锅做饭后未将电炒锅电源关闭，后在通电后电炒锅受热，引燃周围可燃物而发生火灾，孙某对本起火灾负直接责任。县消防大队对孙某做了行政处罚。

　　2006年7月，乐某向县人民法院提起民事诉讼，要求孙某、吴某及县电力公司共同赔偿其损失5万余元。乐某要求电力公司赔偿的理由是，电力公司既然在通知中明确停电时间为早上6：00至晚上6：00，却在未发布任何提前通电通知的情况下，提前恢复供电，致使孙某的电炒锅在通电后受热引发火灾，电力公司的行为是一种疏忽、过失及放任行为，与火灾的发生存在一定的关联性，故应承担相应的赔偿责任。另外几户村民也极为关注此案，想等乐某胜诉后，也将电力公司告上法庭。

2. 法院判决

法院经开庭审理后，当庭宣判，认为被告孙某因违反安全用电行为，引起火灾，造成原告乐某财产损害，被告的行为构成侵权，应当承担赔偿责任，被告吴某出租房屋的行为与火灾的发生没有因果关系，不承担赔偿责任。县电力公司提前恢复通电行为与火灾的发生没有因果关系，其行为不构成侵权，县电力公司不应承担民事赔偿责任，原告乐某的财产损失数额，应按公安消防机关核定的数额为准。为此判决被告孙某赔偿原告乐某财产损失一万余元，判决后，原、被告双方均未提起上诉。

铜丝代替熔丝引发火灾责任自负案

1. 基本案情

2008 年 8 月 25 日，某市举办全民篮球赛。当天有风，某礼仪公司为比赛提供的氢气球就摆放在比赛场地旁架空电线的两侧，氢气球随风摆动时触碰电线，造成线路短路，致使暂时停电。停电后，供电公司立即派员工前往现场抢修，迅速恢复送电。送电后不久，市场内商户孙某的仓库突然起火。经消防部门认定，摆放在电线附近的氢气球因风摆动时，碰撞到架空线路，致使线路短路停电。经抢修重新送电后，因孙某仓库隔离开关使用铜丝代替熔丝，致使线路过电压，导线绝缘被破坏发生短路，引发火灾。

2. 法院审理

火灾发生后，孙某向市人民法院提起诉讼，要求供电公司赔偿其损失 178 万余元。经审理，市人民法院认为，《供电营业规则》第四十七条规定：供电设施的运行维护管理范围，按产权归属确定。本次火灾事故着火点线路产权归孙某，孙某对自己所有的线路有维护管理的义务。《用电检查管理办法》第六条规定：用户对其设备的安全负责，供电检查人员不承担因检查设备不安全引起的任何直接损坏与损害的赔偿责任，供电企业无法定或约定的定期检查任务。综合以上情况，判决供电企业不承担赔偿责任。

一审判决后，孙某不服，向市中级人民法院提起上诉，称供电企业所有的架空线路短路停电后，供电员工没有彻底排查故障就重新送电，致使自家仓库发生火灾，供电企业应承担赔偿责任。

市中级人民法院审理后认为，孙某违规在隔离开关上使用铜线代替熔丝，致使绝缘被破坏而连续短路，是火灾发生的主要原因。同时，根据《电力法》第六十条规定：电力运行事故是由下列原因之一造成的，电力企业不承担赔偿责任。（一）不可抗力；（二）用户自身过错。根据消防部门出具的火灾认定书，火灾是因孙某的不当行为造成的，孙某也没有证据证明供电企业在此过程中存有过错，判决供电企业不承担赔偿责任。

三、火灾事故损失统计

1. 火灾损失统计的依据

火灾损失统计的依据有《中华人民共和国消防法》《火灾事故调查规定》和《火灾直接财产损失统计方法》等。

2. 火灾损失统计的程序

受损单位和个人应当于火灾扑灭之日起七日内向火灾发生地的县级公安机关消防机构如实申报火灾直接财产损失，并附有效证明材料。公安机关消防机构应当根据受损单位和个人的申报、依法设立的价格鉴证机构出具的火灾直接财产损失鉴定意见以及调查核实情况，按照有关规定，对火灾直接经济损失和人员伤亡进行如实统计。

公安机关消防机构可以根据需要委托依法设立的价格鉴证机构对火灾直接财产损失进行鉴定。

对受损单位和个人提供的由价格鉴证机构出具的鉴定意见，公安机关消防机构应当审查下列事项：

（1）鉴证机构、鉴证人是否具有资质、资格。

（2）鉴证机构、鉴证人是否盖章签名。

（3）鉴定意见依据是否充分。

（4）鉴定是否存在其他影响鉴定意见正确性的情形。

3. 消防部门火灾损失统计的法律性质

应当指出的是，2009年5月1日起新修订的《消防法》实施后，消防部门在火灾损失认定上的法律性质发生了改变。1998年制定的《消防法》第三十九条规定："火灾扑灭后，公安消防机构有权根据需要封闭火灾现场，负责调查、认定火灾原因，核定火灾损失，查明火灾事故责任。"规定了消防部门具有"认定火灾原因、核定火灾损失"的法定职责，而 2008 年制定的《消防法》第五十一条规定，"公安机关消防机构有权根据需要封闭火灾现场，负责调查火灾原因，统计火灾损失。"取消了消防部门核定火灾损失的职责，改为了统计火灾损失。因此，公安消防机构对火灾损失的统计只是一种国家的宏观统计行为，不是对火灾实际损失的鉴定，其目的是为国家消防宏观指导、决策提供依据。公安消防机构对火灾损失的统计并不等同于火灾的实际损失，不能作为计算案件赔偿金数额的唯一依据。

相关案例 ❶

熨烫衣服引起火灾案

1. 案情简介

2010 年，陈某、娄某、叶某同租了方某的店面屋，叶某租用了东面一间经营电瓶车修理，娄某租用了东南一间经营服装加工，而陈某租用了东北方向一间开了小吃店。同年 6 月，娄某在熨烫衣服时因一时疏忽，导致熨衣台边起火，因未及时扑救，致使火灾蔓延，造成陈某小吃店以及叶某电瓶车修理店内财产损失。同年 8 月，县公安局消防大队作出火灾事故认定书，认定火灾是由娄某引起的。陈某、叶某各要求娄某赔偿损失 3 万余元。三方无法就赔偿数额达成一致，故将娄某诉至法院。

2. 审理情况

案件审理过程中，由于陈某、叶某无法提供能够证明其具体损失的确凿证据，又因为绝大部分物品已化为灰烬，目前我国尚无鉴定被燃烧物的品种、质量及数量的专门机构，事实上也无法鉴定；至于消防部门备案的财产损失清单，系受损人自行填写申报，仅作为消防部门火灾损失统计之用，不能作为法院判决的证据。然而，损害事实存在，为切实维护当事人合法权益，按照公平公正原则，承办法官不厌其烦地做双方当事人的思想疏导工作，对此案进行了悉心调解。最终，三方达成了调解协议，娄某赔偿陈某、叶某各1万余元，化解了矛盾纠纷。

四、本节法律风险防范提示

《最高人民法院关于民事诉讼证据的若干规定》（法释〔2001〕33号）第七十七条第一项规定："国家机关、社会团体依职权制作的公文书证的证明力一般大于其他书证。公安消防部门依职权出具的火灾事故认定书，其性质为鉴定结论，具有比一般书证更高的证明效力。"因此，当发生涉电火灾事故时，供电企业检查人员要积极参与公安消防部门的事故调查，及时提供相应的证据资料，以最大限度地促使火灾事故认定有利于供电企业。倘若消防公安机关作出对供电企业不利的认定结论，供电企业也应当及时申请复核或提起诉讼，寻找认定结论破绽，并正确界定各方当事人的责任。

附录 A 《供电营业规则》(节选)

(1996 年 10 月 8 日中华人民共和国电力工业部令第 8 号)

第六十二条 用户发生下列用电事故，应及时向供电企业报告：(1) 人身触电死亡；(2) 导致电力系统停电；(3) 专线掉闸或全厂停电；(4) 电气火灾；(5) 重要或大型电气设备损坏；(6) 停电期间向电力系统倒送电。

供电企业接到用户上述事故报告后，应派员赴现场调查，在七天内协助用户提出事故调查报告。

第六十六条 在发供电系统正常情况下，供电企业应连续向用户供应电力。但是，有下列情形之一的，须经批准方可中止供电：

(1) 对危害供用电安全、扰乱供用电秩序，拒绝检查者；

(2) 拖欠电费经通知催交仍不交者；

(3) 受电装置经检验不合格，在指定期间未改善者；

(4) 用户注入电网的谐波电流超过标准，以及冲击负荷、非对称负荷等对电能质量产生干扰与妨碍，在规定限期内不采取措施者；

(5) 拒不在限期内拆除私增用电容量者；

(6) 拒不在限期内交付违约用电引起的费用者；

(7) 违反安全用电、计划用电有关规定，拒不改正者；

(8) 私自向外转供电力者。

有下列情形之一的，不经批准即可中止供电，但事后应报告本单位负责人：

（1）不可抗力和紧急避险；

（2）确有窃电行为。

第六十七条 除因故中止供电外，供电企业需对用户停止供电时，应按下列程序办理停电手续：

（1）应将停电的用户、原因、时间报本单位负责人批准。批准权限和程序由省电网经营企业制定；

（2）在停电前三至七天内，将停电通知书送达用户，对重要用户的停电，应将停电通知书报送同级电力管理部门；

（3）在停电前30分钟，将停电时间再通知用户一次，方可在通知规定时间实施停电。

第六十八条 因故需要中止供电时，供电企业应按下列要求事先通知用户或进行公告：

（1）因供电设施计划检修需要停电时，应提前七天通知用户或进行公告；

（2）因供电设施临时检修需要停止供电时，应当提前24小时通知重要用户或进行公告；

（3）发供电系统发生故障需要停电、限电或者计划限、停电时，供电企业应按确定的限电序位进行停电或限电。但限电序位应事前公告用户。

第六十九条 引起停电或限电的原因消除后，供电企业应在三日内恢复供电。不能在三日内恢复供电的，供电企业应向用户说明原因。

第九十九条 因电力运行事故引起城乡居民用户家用

电器损坏的，供电企业应按《居民用户家用电器损坏处理办法》进行处理。

第一百条 危害供用电安全、扰乱正常供用电秩序的行为，属于违约用电行为。供电企业对查获的违约用电行为应及时予以制止。有下列违约用电行为者，应承担其相应的违约责任：

（1）在电价低的供电线路上，擅自接用电价高的用电设备或私自改变用电类别的，应按实际使用日期补交其差额电费，并承担二倍差额电费的违约使用电费。使用起讫日期难以确定的，实际使用时间按三个月计算。

（2）私自超过合同约定的容量用电的，除应拆除私增容设备外，属于两部制电价的用户，应补交私增设备容量使用月数的基本电费，并承担三倍私增容量基本电费的违约使用电费；其他用户应承担私增容量每千瓦（千伏安）50元的违约使用电费。如用户要求继续使用者，按新装增容办理手续。

（3）擅自超过计划分配的用电指标的，应承担高峰超用电力每次每千瓦1元和超用电量与现行电价电费五倍的违约使用电费。

（4）擅自使用已在供电企业办理暂停手续的电力设备或启用供电企业封存的电力设备的，应停用违约使用的设备。属于两部制电价的用户，应补交擅自使用或启用封存设备容量和使用月数的基本电费，并承担二倍补交基本电费的违约使用电费；其他用户应承担擅自使用或启用封存设备容量每次每千瓦（千伏安）30元的违约使用电费。启用属于私增容被封存的设备的，违约使用者还应承担本条第二项规定的违约责任。

（5）私自迁移、更动和擅自操作供电企业的用电计量装置、电力负荷管理装置、供电设施以及约定由供电企业调度的用户受电设备者，属于居民用户的，应承担每次500元的违约使用电费；属于其他用户的，应承担每次5000元的违约使用电费。

（6）未经供电企业同意，擅自引入（供出）电源或将备用电源和其他电源私自并网的，除当即拆除接线外，应承担其引入（供出）或并网电源容量每千瓦（千伏安）500元的违约使用电费。

第一百零一条 禁止窃电行为。窃电行为包括：

（1）在供电企业的供电设施上，擅自接线用电；

（2）绕越供电企业用电计量装置用电；

（3）伪造或者开启供电企业加封的用电计量装置封印用电；

（4）故意损坏供电企业用电计量装置；

（5）故意使供电企业用电计量装置不准或者失效；

（6）采用其他方法窃电。

第一百零二条 供电企业对查获的窃电者，应予制止并可当场中止供电。窃电者应按所窃电量补交电费，并承担补交电费三倍的违约使用电费。拒绝承担窃电责任的，供电企业应报请电力管理部门依法处理。窃电数额较大或情节严重的，供电企业应提请司法机关依法追究刑事责任。

第一百零三条 窃电量按下列方法确定：

（1）在供电企业的供电设施上，擅自接线用电的，所窃电量按私接设备额定容量（千伏安视同千瓦）乘以实际使用时间计算确定；

（2）以其他行为窃电的，所窃电量按计费电能表标定电流值（对装有限流器的，按限流器整定电流值）所指的容量（千伏安视同千瓦）乘以实际窃用的时间计算确定。

窃电时间无法查明时，窃电日数至少以一百八十天计算，每日窃电时间：电力用户按 12 小时计算；照明用户按 6 小时计算。

第一百零四条 因违约用电或窃电造成供电企业的供电设施损坏的，责任者必须承担供电设施的修复费用或进行赔偿。

因违约用电或窃电导致他人财产、人身安全受到侵害的，受害人有权要求违约用电或窃电者停止侵害，赔偿损失。供电企业应予协助。

第一百零五条 供电企业对检举、查获窃电或违约用电的有关人员应给予奖励。奖励办法由省电网经营企业规定。

附录 B 用电检查管理办法

（中华人民共和国电力工业部令第 6 号）

《用电检查管理办法》经审查同意，现予发布，自 1996 年 9 月 1 日起施行。

电力工业部

一九九六年八月二十一日

第一章 总 则

第一条 为规范供电企业的用电检查行为，保障正常供用电秩序和公共安全，根据《电力法》《电力供应与使用条例》和国家有关规定，制定本办法。

第二条 电网经营企业、供电企业及其用电检查人员和被检查的用电户，必须遵守本办法。

第三条 用电检查工作必须以事实为依据，以国家有关电力供应与使用的法规、方针、政策，以及国家和电力行业的标准为准则，对用户的电力使用进行检查。

第二章 检查内容与范围

第四条 供电企业应按照规定对本供电营业区内的用户进行用电检查，用户应当接受检查并为供电企业的用电检查提供方便。用电检查的内容是：

一、用户执行国家有关电力供应与使用的法规、方针、政策、标准、规章制度情况；

二、用户受（送）电装置工程施工质量检验；

三、用户受（送）电装置中电气设备运行安全状况；

四、用户保安电源和非电性质的保安措施；

五、用户反事故措施；

六、用户进网作业电工的资格、进网作业安全状况及作业安全保障措施；

七、用户执行计划用电、节约用电情况；

八、用电计量装置、电力负荷控制装置、继电保护和自动装置、调度通信等安全运行状况；

九、供用电合同及有关协议履行的情况；

十、受电端电能质量状况；

十一、违章用电和窃电行为；

十二、并网电源、自备电源并网安全状况。

第五条 用电检查的主要范围是用户受电装置，但被检查的用户有下列情况之一者，检查的范围可延伸至相应目标所在处：

一、有多类电价的；

二、有自备电源设备（包括自备发电厂）的；

三、有二次变压配电的；

四、有违章现象需延伸检查的；

五、有影响电能质量的用电设备的；

六、发生影响电力系统事故需作调查的；

七、用户要求帮助检查的；

八、法律规定的其他用电检查。

第六条 用户对其设备的安全负责。用电检查人员不承担因被检查设备不安全引起的任何直接损坏或损害的赔偿责任。

第三章　　组织机构及人员资格

第七条　用电检查实行按省电网统一组织实施，分级管理的原则，并接受电力管理部门的监督管理。

第八条　各跨省电网、省级电网和独立电网的电网经营企业，在其用电管理部门应配备专职人员，负责网内用电检查工作。其职责是：

一、负责受理网内供电企业用电检查人员的资格申请、业务培训、资格考核和发证工作；

二、依据国家有关规定，制订并颁发网内用电检查管理的规章制度；

三、督促检查供电企业依法开展用电检查工作；

四、负责网内用电检查的日常管理和协调工作。

第九条　供电企业在用电管理部门配备合格的用电检查人员和必要的装备，依照本办法规定开展用电检查工作。其职责是：

一、宣传贯彻国家有关电力供应与使用的法律、法规、方针、政策以及国家和电力行业标准、管理制度；

二、负责并组织实施下列工作：

（1）负责用户受（送）电装置工程电气图纸和有关资料的审查；

（2）负责用户进网作业电工培训、考核并统一报送电力管理部门审核、发证等事宜；

（3）负责对承装、承修、承试电力工程单位的资质考核，并统一报送电力管理部门审核、发证；

（4）负责节约用电措施的推广应用；

（5）负责安全用电知识宣传和普及教育工作；

（6）参与对用户重大电气事故的调查；

（7）组织并网电源的并网安全检查和并网许可工作。

三、根据实际需要，按本办法第四条规定的内容定期或不定期地对用户的安全用电、节约用电、计划用电状况进行监督检查。

第十条 根据用电检查工作需要，用电检查职务序列为一级用电检查员、二级用电检查员、三级用电检查员。

第十一条 对用电检查人员的资格实行考核认定。用电检查资格分为：一级用电检查资格，二级用电检查资格，三级用电检查资格三类。

第十二条 申请一级用电检查资格者，应已取得电气专业高级工程师或工程师、高级技师资格；或者具有电气大专以上文化程度，并在用电岗位上连续工作五年以上；或者取得二级用电检查资格后，在用电检查岗位工作五年以上者。

申请二级用电检查资格者，应已取得电气专业工程师、助理工程师、技师资格；或者具有电气专业中专以上文化程度，并在用电岗位连续工作三年以上；或者取得三级用电检查资格后，在用电检查岗位工作三年以上者。

申请三级用电检查资格者，应已取得电气专业助理工程师、技术员资格；或者具有电气专业中专以上文化程度，并在用电岗位工作一年以上；或者已在用电检查岗位连续工作五年以上者。

第十三条 用电检查资格由跨省电网经营企业或省级

电网经营企业组织统一考试，合格后发给相应的《用电检查资格证书》。

《用电检查资格证书》由国务院电力管理部门统一监制。

第十四条 聘任为用电检查职务的人员，应具备下列条件：

一、作风正派，办事公道，廉洁奉公。

二、已取得相应的用电检查资格。聘为一级用电检查员者，应具有一级用电检查资格；聘为二级用电检查员者，应具有二级以上用电检查资格；聘为三级用电检查员者，应具有三级以上用电检查资格。

三、经过法律知识培训，熟悉与供用电业务有关的法律、法规、方针、政策、技术标准以及供用电管理规章制度。

第十五条 三级用电检查员仅能担任 0.4 千伏及以下电压受电的用户的用电检查工作。二级用电检查员能担任 10 千伏及以下电压供电用户的用电检查工作。一级用电检查员能担任 220 千伏及以下电压供电用户的用电检查工作。

第四章 检 查 程 序

第十六条 供电企业用电检查人员实施现场检查时，用电检查员的人数不得少于两人。

第十七条 执行用电检查任务前，用电检查人员应按规定填写《用电检查工作单》，经审核批准后，方能赴用户执行查电任务。查电工作终结后，用电检查人员应将

《用电检查工作单》交回存档。

《用电检查工作单》内容应包括：用户单位名称、用电检查人员姓名、检查项目及内容、检查日期、检查结果，以及用户代表签字等栏目。

第十八条 用电检查人员在执行查电任务时，应向被检查的用户出示《用电检查证》，用户不得拒绝检查，并应派员随同配合检查。

第十九条 经现场检查确认用户的设备状况、电工作业行为、运行管理等方面有不符合安全规定的，或者在电力使用上有明显违反国家有关规定的，用电检查人员应开具《用电检查结果通知书》或《违章用电、窃电通知书》一式两份，一份送达用户并由用户代表签收，一份存档备查。

第二十条 现场检查确认有危害供用电安全或扰乱供用电秩序行为的，用电检查人员应按下列规定，在现场予以制止。拒绝接受供电企业按规定处理的，可按国家规定的程序停止供电，并请求电力管理部门依法处理，或向司法机关起诉，依法追究其法律责任。

一、在电价低的供电线路上，擅自接用电价高的用电设备或擅自改变用电类别用电的，应责成用户拆除擅自接用的用电设备或改正其用电类别，停止侵害，并按规定追收其差额电费和加收电费。

二、擅自超过注册或合同约定的容量用电的，应责成用户拆除或封存私增电力设备，停止侵害，并按规定追收基本电费和加收电费。

三、超过计划分配的电力、电量指标用电的，应责成其停止超用，按国家有关规定限制其所用电力并扣还其超用电量或按规定加收电费。

四、擅自使用已在供电企业办理暂停使用手续的电力设备或启用已被供电企业封存的电力设备的，应再次封存该电力设备，制止其使用，并按规定追收基本电费和加收电费。

五、擅自迁移、更动或操作供电企业用电计量装置、电力负荷控制装置、供电设施以及合同（协议）约定由供电企业调度范围的用户受电设备的，应责成其改正，并按规定加收电费。

六、未经供电企业许可，擅自引入（或供出）电源或者将自备电源擅自并网的，应责成用户当即拆除接线，停止侵害，并按规定加收电费。

第二十一条　现场检查确认有窃电行为的，用电检查人员应当予以中止供电，制止其侵害，并按规定追补电费和加收电费。拒绝接受处理的，应报请电力管理部门依法给予行政处罚；情节严重，违反治安管理处罚规定的，由公安机关依法予以治安处罚；构成犯罪的，由司法机关依法追究刑事责任。

第五章　检 查 纪 律

第二十二条　用电检查人员应认真履行用电检查职责，赴用户执行用电检查任务时，应随身携带《用电检查证》，并按《用电检查工作单》规定项目和内容进行检查。

第二十三条　用电检查人员在执行用电检查任务时，应遵守用户的保卫保密规定，不得在检查现场替代用户进行电工作业。

第二十四条 用电检查人员必须遵纪守法，依法检查，廉洁奉公，不徇私舞弊，不以电谋私。违反本条规定者，依据有关规定给予经济的、行政的处分；构成犯罪的，依法追究其刑事责任。

第六章 附　　则

第二十五条 本办法自 1996 年 9 月 1 日起施行。

附录 C 相关司法解释

C.1 关于对《关于查处窃电行为有关问题的请示》答复意见的函

国务院法制办公室秘书行政司：

你司送来征求意见的安徽省政府法制办《关于查处窃电行为有关问题的请示》（以下称《请示》）收悉。经研究，提出以下意见：

一、《中华人民共和国电力法》（以下称电力法）第六条、第七条已经明确规定了政府电力管理部门的行政管理职责和电力企业的民事法律关系主体地位，而且电力企业的这种地位在《中华人民共和国合同法》（以下称合同法）第十章"供用电、水、气、热力合同"中有更具体的体现。因此，电力企业在供电合同的订立和履行过程中的活动应当适用合同法和其他有关民事法律。供电局发现用户有窃电行为的，可以依法提起民事诉讼。

二、虽然供电活动属于合同法规定的民事活动，但鉴于供电活动的特殊性和电力管理制度的传统，电力法对供电企业和用户的权利义务又作了一些特别规定。例如，第三十二条规定："用户用电不得危害供电、用电安全和扰乱供电、用电秩序。对危害供电、用电安全和扰乱供电、用电秩序的供电企业有权制止。"第三十三条规定："供电企业应当按照国家核准的电价和用电计量装置的记录，向用户计收电费。供电企业查电人员和抄表收费人员进入用户，进行用电安全检查或者抄表收费时，应当出示有关证件。用户应当按照国家核准的电价和用电计量装置的记录，按时交纳电费；对供电企业查电人员和抄表收费人员依法履行职责，应当提供方便。"这些规定属于特别法的规定，与合同法不相抵触。

三、电力法第六条第二款规定："县级以上地方人民政府经济综合主管部门是本行政区域内的电力管理部门，负责电力事业的监督管理。县级以上地方人民政府有关部门在各自的职责范围内负责电力事业的监督管理。"也就是说，自该法 1996 年 4 月 1 日生效施行之日起，原来各级政府中实行政企合一的电力局（或称供电局、电业局等）依法不再享有行政监督管理职权，而改由各级人民政府的经贸委行使该职权，电力局成为单独的电力企业。因此，其他行政法规、规章中关于电力局行政监督管理职权的规定与电力法和合同法不一致的，不应当继续使用。

四、关于《请示》中所称"我省市县机构改革尚未完成，市、县供电局属于政企合一机构"，不能作为与电力法有关规定对抗的理由。国务院和地方各级人民政府将电力企业与电力监督管理部门的机构和职能分开，是根据电力法进行的。电力法从公布到生效之前已经留有三个月的准备时间，各级人民政府相关的改革工作应当在法律生效之前完成，以保证法律的执行。某些地方在电力法实施后六年半之久尚未完成这一工作，属于工作中的问题，不应影响电力法有关规定的效力。

以上意见供参考。

最高人民法院研究室

二〇〇二年九月六日

注：对《关于查处窃电行为有关问题的请示》的答复。

安徽省政府法制办：

你办《关于查处窃电行为有关问题的请示》（皖府法函〔2002〕66号）收悉。经研究，现答复如下：

原电力工业部依据《电力法》及《电力供应与使用条例》制定的《用电检查管理办法》《供电营业规则》，可以作为供电企业检查和处理窃电行为的法定依据。

目前，尚未实行政企分开的省级以下供电局具有电力行政管理和供电企业的双重身份。供电局作为供电企业，对于窃电行为可以民事主体的身份要求侵权人停止侵害或者请求损害赔偿，并可采取中止供电等必要措施制止侵权行为。

国务院法制办公室秘书行政司

二〇〇二年七月二十五日

C.2　最高人民法院、最高人民检察院关于办理盗窃刑事案件适用法律若干问题的解释

（法释〔2013〕8号，2013年3月8日最高人民法院审判委员会第1571次会议、2013年3月18日最高人民检察院第十二届检察委员会第1次会议通过）

《最高人民法院、最高人民检察院关于办理盗窃刑事案件适用法律若干问题的解释》已于 2013 年 3 月 8 日由最高人民法院审判委员会第 1571 次会议、2013 年 3 月 18 日由最高人民检察院第十二届检察委员会第 1 次会议通过，现予公布，自 2013 年 4 月 4 日起施行。

最高人民法院 最高人民检察院

2013 年 4 月 2 日

为依法惩治盗窃犯罪活动，保护公私财产，根据《中华人民共和国刑法》《中华人民共和国刑事诉讼法》的有关规定，现就办理盗窃刑事案件适用法律的若干问题解释如下：

第一条 盗窃公私财物价值一千元至三千元以上、三万元至十万元以上、三十万元至五十万元以上的，应当分别认定为刑法第二百六十四条规定的"数额较大""数额巨大""数额特别巨大"。

各省、自治区、直辖市高级人民法院、人民检察院可以根据本地区经济发展状况，并考虑社会治安状况，在前款规定的数额幅度内，确定本地区执行的具体数额标准，报最高人民法院、最高人民检察院批准。

在跨地区运行的公共交通工具上盗窃，盗窃地点无法查证的，盗窃数额是否达到"数额较大""数额巨大""数额特别巨大"，应当根据受理案件所在地省、自治区、直辖市高级人民法院、人民检察院确定的有关数额标准认定。

盗窃毒品等违禁品，应当按照盗窃罪处理的，根据情节轻重量刑。

第二条 盗窃公私财物，具有下列情形之一的，"数额较大"的标准可以按照前条规定标准的百分之五十确定：

（一）曾因盗窃受过刑事处罚的；

（二）一年内曾因盗窃受过行政处罚的；

（三）组织、控制未成年人盗窃的；

（四）自然灾害、事故灾害、社会安全事件等突发事件期间，在事件发生地盗窃的；

（五）盗窃残疾人、孤寡老人、丧失劳动能力人的财物的；

（六）在医院盗窃病人或者其亲友财物的；

（七）盗窃救灾、抢险、防汛、优抚、扶贫、移民、救济款物的；

（八）因盗窃造成严重后果的。

第三条 二年内盗窃三次以上的，应当认定为"多次盗窃"。

非法进入供他人家庭生活，与外界相对隔离的住所盗窃的，应当认定为"入户盗窃"。

携带枪支、爆炸物、管制刀具等国家禁止个人携带的器械盗窃，或者为了实施违法犯罪携带其他足以危害他人人身安全的器械盗窃的，应当认定为"携带凶器盗窃"。

在公共场所或者公共交通工具上盗窃他人随身携带的财物的，应当认定为"扒窃"。

第四条 盗窃的数额，按照下列方法认定：

（一）被盗财物有有效价格证明的，根据有效价格证明认定；无有效价格证明，或者根据价格证明认定盗窃数额明显不合理的，应当按照有关规定委托估价机构估价。

（二）盗窃外币的，按照盗窃时中国外汇交易中心或者中国人民银行授权机构公布的人民币对该货币的中间价折合成人民币计算；中国外汇交易中心或者中国人民银行授权机构未公布汇率中间价的外币，按照盗窃时境内银行人民币对该货币的中间价折算成人民币，或者该货币在境内银行、国际外汇市场对美元汇率，与人民币对美元汇率中间价进行套算。

（三）盗窃电力、燃气、自来水等财物，盗窃数量能够查实的，按照查实的数量计算盗窃数额；盗窃数量无法查实的，以盗窃前六个月月均正常用量减去盗窃后计量仪表显示的月均用量推算盗窃数额；盗窃前正常使用不足六个月的，按照正常使用期间的月均用量减去盗窃后计量仪表显示的月均用量推算盗窃数额。

（四）明知是盗接他人通信线路、复制他人电信码号的电信设备、设施而使用的，按照合法用户为其支付的费用认定盗窃数额；无法直接确认的，以合法用户的电信设备、设施被盗接、复制后的月缴费额减去被盗接、复制前六个月的月均电话费推算盗窃数额；合法用户使用电信设备、设施不足六个月的，按照实际使用的月均电话费推算盗窃数额。

（五）盗接他人通信线路、复制他人电信码号出售的，按照销赃数额认定盗窃数额。

盗窃行为给失主造成的损失大于盗窃数额的，损失数额可以作为量刑情节考虑。

第五条 盗窃有价支付凭证、有价证券、有价票证的，按照下列方法认定盗窃数额：

（一）盗窃不记名、不挂失的有价支付凭证、有价证券、有价票证的，应当按票面数额和盗窃时应得的孳息、奖金或者奖品等可得收益一并计算盗窃数额。

（二）盗窃记名的有价支付凭证、有价证券、有价票证，已经兑现的，按照兑现部分的财物价值计算盗窃数额；没有兑现，但失主无法通过挂失、补领、补办手续等方式避免损失的，按照给失主造成的实际损失计算盗窃数额。

第六条 盗窃公私财物，具有本解释第二条第三项至第八项规定情形之一，或者入户盗窃、携带凶器盗窃，数额达到本解释第一条规定的"数额巨大""数额特别巨大"百分之五十的，可以分别认定为刑法第二百六十四条规定的"其他严重情节"或者"其他特别严重情节"。

第七条 盗窃公私财物数额较大，行为人认罪、悔罪，退赃、退赔，且具有下列情形之一，情节轻微的，可以不起诉或者免予刑事处罚；必要时，由有关部门予以行政处罚：

（一）具有法定从宽处罚情节的；

（二）没有参与分赃或者获赃较少且不是主犯的；

（三）被害人谅解的；

（四）其他情节轻微、危害不大的。

第八条 偷拿家庭成员或者近亲属的财物，获得谅解的，一般可以不认为是犯罪；追究刑事责任的，应当酌情从宽。

第九条 盗窃国有馆藏一般文物、三级文物、二级以上文物的，应当分别认定为刑法第二百六十四条规定的"数额较大""数额巨大""数额特别巨大"。

盗窃多件不同等级国有馆藏文物的，三件同级文物可以视为一件高一级文物。

盗窃民间收藏的文物的，根据本解释第四条第一款第一项的规定认定盗窃数额。

第十条 偷开他人机动车的，按照下列规定处理：

（一）偷开机动车，导致车辆丢失的，以盗窃罪定罪处罚；

（二）为盗窃其他财物，偷开机动车作为犯罪工具使用后非法占有车辆，或者将车辆遗弃导致丢失的，被盗车辆的价值计入盗窃数额；

（三）为实施其他犯罪，偷开机动车作为犯罪工具使用后非法占有车辆，或者将车辆遗弃导致丢失的，以盗窃罪和其他犯罪数罪并罚；将车辆送回未造成丢失的，按照其所实施的其他犯罪从重处罚。

第十一条 盗窃公私财物并造成财物损毁的，按照下列规定处理：

（一）采用破坏性手段盗窃公私财物，造成其他财物损毁的，以盗窃罪从重处罚；同时构成盗窃罪和其他犯罪的，择一重罪从重处罚；

（二）实施盗窃犯罪后，为掩盖罪行或者报复等，故意毁坏其他财物构成犯罪的，以盗窃罪和构成的其他犯罪数罪并罚；

（三）盗窃行为未构成犯罪，但损毁财物构成其他犯罪的，以其他犯罪定罪处罚。

第十二条　盗窃未遂，具有下列情形之一的，应当依法追究刑事责任：

（一）以数额巨大的财物为盗窃目标的；

（二）以珍贵文物为盗窃目标的；

（三）其他情节严重的情形。

盗窃既有既遂，又有未遂，分别达到不同量刑幅度的，依照处罚较重的规定处罚；达到同一量刑幅度的，以盗窃罪既遂处罚。

第十三条　单位组织、指使盗窃，符合刑法第二百六十四条及本解释有关规定的，以盗窃罪追究组织者、指使者、直接实施者的刑事责任。

第十四条　因犯盗窃罪，依法判处罚金刑的，应当在一千元以上盗窃数额的二倍以下判处罚金；没有盗窃数额或者盗窃数额无法计算的，应当在一千元以上十万元以下判处罚金。

第十五条　本解释发布实施后，《最高人民法院关于审理盗窃案件具体应用法律若干问题的解释》（法释〔1998〕4 号）同时废止；之前发布的司法解释和规范性文件与本解释不一致的，以本解释为准。